中公新書
ラクレ
309

早坂 隆

続・世界の日本人ジョーク集

中央公論新社

まえがき

ヨーロッパでは、ドイツ出身の「トキオ・ホテル」という名のロックバンドが大変な人気だが、命名の由来は、「東京に行ったことはないが、なんかカッコイイから」。

日本にまつわるイメージは、以前よりもかなりの多様性を見せている。そんな状況を受けて最近、ジョークの世界でも幅広い日本人像が登場するようになった。

前著『世界の日本人ジョーク集』（中公新書ラクレ）では、世界に広く流布するジョークの中から、日本人が「出演」しているものをピックアップし、それらのジョークを通じて、海外の人々の有している「対日観」や「日本人のイメージ」を考察した。自分の長所や短所というのは、意外と自分にはわからないもので、他人から指摘されて初めて気づかされるといったことは、往々にしてあるものだ。自画像というのは、大抵、あまり似ていないものである。

そんな前著の刊行後、読者の方々からの反応で多かったのが、「日本人がジョークの中で意外と存在感を発揮していることに驚いた」というものだった。

実際、日本人はジョークの世界で、なかなかの「名演技」を披露している。「主演」とまではいかないが、言うなれば「名脇役」といった存在だ。「助演男優賞」くらいには十分、ノミネートされている。ちなみに、主役級はアメリカ人。主演男優賞は一昔前ならジョージ・W・ブッシュで、今後はバラク・オバマの名演技に期待、といったところであろう。

本書では、前著に収録した以降の新作や、埋もれていた傑作などを精選し、改めて「世界の日本に対する眼」を、肩肘張らず、楽しみながら、考えていきたい。日本の景気も深刻な後退局面を迎えたが、こんな時こそ「笑う」という行為を、大切にしたいと思う。我が国には「笑う門には福来る」という、先人たちの知恵と経験則に基づいた、味わい深い至言もあるのだから。

それでは、世界が日本をどう見ているか、「笑いながら」探っていこう。

目次

第二章　それでも日本は経済大国？　65

【ジャパニーズ・マネジメント】

【底力】

イラスト／つだゆみ
本文DTP／市川真樹子

続・世界の日本人ジョーク集

第一章　世界屈指の花形ブランド

【ハイテクの本家】

●最先端手術の結果

国際的な医学学会が催され、アメリカ、日本、ポーランドの代表者たちが議論をしていた。

アメリカ人が言った。

「私たちの国では、事故で両足をなくした少年に、最新式の義足を付ける手術を行いました。今、その少年は、オリンピックのゴールド・メダリストです」

それを聞いた日本人が、笑いながら言った。

「そんなこと、たいしたことではありませんよ。私たちの国では、事故で両手両足をなくした少年に、最新式の義手と義足を付ける手術を行いました。今、その少年は、カラテの世界チャンピオンです」

するとポーランド人が、笑いながら言った。

「そんなこと、たいしたことではありませんよ。私たちの国では、生まれつき脳みそのない少年に、人工の脳を付ける手術を行いました。今、その少年は、ポーランド陸軍の最高司令官です」

メイド・イン・ジャパンの実力

二〇〇八年一一月、モンゴル出身の力士・安馬《あま》（現・日馬富士《はるまふじ》）は、大関昇進を確実にした際、来日からの日々を振り返って、こんな話をした。

「（来日前の）日本のイメージはコンピューター。ボタン一つでご飯が出てくるところだと思っていた」

こういったイメージは、今でも決して珍しいものではない。

日本人が登場するジョークの中で多いのが、「ハイテク国家」としてのイメージが反映されたもの。世界のジョークには、高い品質を誇示する日本人が「前フリ」として登場した後で、オチに粗悪な品物を扱うロシア人や中国人が出てくるパターンが少なくない。ちなみに、先ほどのジョークにも登場するポーランド人は、「おバカキャラ」の代名詞となっている。

本田技研工業が開発した「ＡＳＩＭＯ」は、世界初の本格的な二足歩行ロボット。開発中には、ローマ教皇庁に人間型ロボットをつくることについての意見を問い、承認を得た上で製造を進めたという。完成後は、ニューヨーク証券取引所の始業ベルを鳴らしたり、ヨーロッパのドラマに出演し「俳優デビュー」したりするなど、世界的な知名度は抜群だ。意外と今、一番有名な「日本人(?)」だったりするのかもしれない。

日本のロボット開発の目的は、産業用はもちろん、介護や娯楽用などを志向しており、軍事目的が背景にあるアメリカなどとは大きく異なる。日本は、三〇億ドル規模とも言われるパーソナルロボット市場で、大きく世界をリードしている。

「メイド・イン・ジャパン」の大看板は、いまだ健在だ。

●最新型パソコン

メイド・イン・ジャパンの最新型のパソコンが発売された。テレビCMではこう宣伝された。

「このパソコンを使えば、あなたの仕事は半分になります」

それを聞いていたイタリア人が、ボソリとこうつぶやいた。

「明日、このパソコンを二台、買おう」

●橋の建設

ある時、ポーランド人は、自分たちが世界中でジョークのネタとしてバカにされていることに気づいて驚いた。そして、ポーランド人は、この大問題について、アメリカ、ドイツ、日本に助言をもらうことにした。

アメリカ人が言った。

「国際社会から尊敬されるようなことをしなくてはいけない。日本はテクノロジーの分野で、ドイツはその機知に富んだ能力で世界的によく知られている。そして、アメリカはこの二つの国に世界大戦で勝って以降、世界から敬意を払われている。つまり、何か世界的に名を轟《とどろ》かせるようなものがなければいけないんだ」

ドイツ人が言った。

「例えば、世界のどこかに世界一巨大で美しい橋を建設するなんていうのはどうだい？まだ誰も造ったことがないものを造るのさ」

「それは良い考えだ！」

ポーランド人は、そう言って大きく頷いた。

「完成した時にまた会おう」

四人はそう言って別れた。

半年後。ポーランド人から「橋が完成した」との連絡があり、四人は再び集まった。

ポーランド人が言った。

「すばらしい橋が完成したよ。美しく、丈夫で、世界に二つとない橋ができた！」

日本人が驚いて声をあげた。

「たった半年で！　それはたいしたものだ」

アメリカ人が聞いた。

「で、それはどこに造ったんだい？」

ポーランド人が答えた。

「サハラ砂漠の真ん中だよ」

それを聞いたドイツ人が、ため息とともに言った。

「それではダメじゃないか。そんな所に橋など必要ないだろう？　すぐにそれを別の所に移築するんだ！」

ポーランド人は、しょんぼりしながら三人のもとを去った。そして二週間後、三たび四人は出会った。日本人が聞いた。

「たった二週間で移築作業が終わったのかい？　我々日本人だってなかなか難しいくらいだ！」

するとポーランド人が答えた。

「いや、そうじゃないんだ。工事ができなかったんだ」

三人が口を揃えて聞いた。

「どうして？」

ポーランド人は困った表情を浮かべながら答えた。

「橋の上にイタリア人が何万人といて、釣り糸を垂らしているんだもの」

●橋の造り方

ある橋の建設工事の入札が行われた。手を挙げたのは、アメリカ、日本、中国の企業だった。

クライアントの前で、まずアメリカ人が言った。

「私たちは、橋を両岸から造り始めます。そうすると、工事は早く済みます。パソコンを使って計算しながら造るので、真ん中でピッタリと橋は繋がります」

続いて日本人が言った。

「私たちも、橋を両岸から造り始めます。そうすると、工事は早く済みます。私たちはGPSを駆使しながら工事を進めるので、真ん中でピッタリと橋は繋がります」

最後に中国人が言った。

「私たちも、橋を両岸から造り始めます。そうすると、工事は早く済みます」

クライアントが聞いた。

「それで、どうやって橋を繋ぐのですか？」

中国人が答えた。

「うまく繋がればそれでいいし、繋がらなければ、橋が二つできるでしょう？」

世界に誇る橋梁技術

兵庫県神戸市と淡路島を結ぶ明石海峡大橋は、全長三九一一メートルで、世界最長の吊り橋。風速八〇メートルの横風にも耐えることができ、耐震設計もマグニチュード八・五までを想定した造りとなっている。

また、広島県と愛媛県を結ぶ多々羅大橋は、中央支間長（主塔間の距離）八九〇メートルを誇り、斜張橋《しゃちょうきょう》としてはこちらも世界一。完成に伴い、フランスのノルマンディー橋（現在世界第二位の斜張橋）とは姉妹橋となった。日本の橋梁技術は、世界トップクラスにある。

ヒマラヤ東部に位置するブータンは、国内の橋の老朽化に悩んでいたが、日本の資金、及び技術支援により橋の全面的な架け替えに成功。地域住民の評判は高く、ブータン政府は、感謝の意を込めて、日本が支援して架け替えた「橋」の記念切手を発行するにまで至っている。

他にも、日本の最新技術は、世界のあちこちで確実に役立っている。日本のメディアはとかく、「日本のＯＤＡ（政府開発援助）が無駄に使われている」といった面ばかりを強調する傾向があるが、そういったケースももちろん存在するものの、多くの場合は各地の人々に素直に喜ばれている。日本人はそういった話をもっと知っていていいはずだし、知りたいはずだ。

その一方で、二〇〇七年九月には、日本のODAによりベトナム南部に建設中だった「カントー橋」が崩落し、ベトナム人作業員五四人が死亡するという痛ましい事故も起きた。この計画の請負業者は、複数の日本企業であった。

今後、日本の橋梁大国としてのブランドが、一日も早く再生、発展していくことに期待したい。

●解決法

アメリカ人、日本人、ドイツ人、フランス人の乗った船が沈没し、無人島へと流れ着いた。彼らは飢えて、今にも死にそうだった。その時、海岸にマメの入った缶詰が一つ落ちているのを見つけた。

アメリカ人が言った。

「石でぶつけて壊して開けよう!」

日本人が言った。

「貝殻で缶切りをつくって開ければいい」

ドイツ人が言った。

「このまま待っていれば、腐食によって自然に開く」

フランス人が言った。

「例えば、今ここに、缶切りがあると仮定しよう」

●死人に口なし

日本のパラシュート会社に、客から電話がかかってきた。

「君のところのパラシュートは、もちろん安全ですよね？」

「はい、研究に研究を重ねて製作したものです。材料にも世界一のものを使っており、品質には絶対の自信を持っております」

続いて、ロシアのパラシュート会社に、客から電話がかかってきた。

「君のところのパラシュートは、もちろん安全ですよね？」

「はい、故障したという苦情は、まだ一件も寄せられておりません」

●天国の変貌

日本人技術者が死んで天国へと行った。しかし、入口で聖ペテロが言った。

「いや、これは間違いだ。お前は地獄行きと決まっている」

日本人技術者は地獄へと回された。彼は地獄において、次々と様々な設備をつくり始めた。エアコンを設置し、トイレにウォシュレットを付け、エスカレーターをも完成させた。地獄はみるみるうちに快適な環境へと様変わりしていった。

ある日、天国の神様が地獄の悪魔に電話をした。

「どうだい？　そっちは？」

「いや、最近はこちらも快適でね。日本人技術者のおかげで、エアコンやウォシュレット、エスカレーターまでできましたよ。今度は彼が何をつくってくれるのか、考えるだけでもワクワクします」

「なんだって？」

神様はそれを不愉快に思い、そしてこう言った。

「それは間違いだ。日本人技術者は本当は天国へ行くことになっていたのだ。すぐにこちらに戻してくれ」

「何を言っているんですか！　初めにこちらに回してきたのはそちらでしょう？　それを今さら！　私はあの男を絶対に手放しませんから！」

すると神様は叫ぶように言った。

「冗談じゃない！　そっちがその気なら、こちらは訴えてもいいんだぞ」

悪魔はニヤリとしながらこう答えた。

「訴訟は望むところです。でも、そちらには弁護士が一人もいないんじゃありませんか？」

驚かれる日本のトイレ

ジョークの世界において、弁護士は格好のターゲットとなっており、先のジョークによれば「弁護士は全員、地獄に落ちている」らしい。

日本人が地獄につくったとされるものの中にウォシュレットが登場するが、実はこのウォシュレット、欧米ではほとんど普及しておらず、来日した人々が使い方がわからずに困惑したり、帰国後の話題になったりすることが少なくない。水の温度や勢いまで設定できるウォシュレットの「クールさ」はもちろん、便座が温かかったり、自動で蓋が開閉する機能、水が自動で流れて便器を清浄するところなども、驚きの対象となっているようだ。

また、「音消し」のための擬音装置については、「日本人は気にし過ぎだ」と半ば呆れられることもある。

今や、ウォシュレットの使用法がわからず、顔や服に水がかかってしまったといった笑い話は定番ネタ。かつての日本のトイレに関する笑い話としては「スクワット・トイレ（和式）で、どちらを向いてかがめばいいのかわからない」といったものがあったが、最近では和式トイレも激減し、その扱いは一変した。

ウォシュレットは、ハリウッド・スターの間では大人気。歌手のマドンナや、俳優のウィル・スミスは、テレビのインタビューで「日本のウォシュレット」を絶賛している。レオナルド・ディカプリオは、自宅にＴＯＴＯのウォシュレットを入れているという。

ＴＯＴＯは今後、積極的な世界進出計画を予定している。「地獄のトイレ」のように、世界のトイレ事情が一新されていくのかどうか、楽しみだ。

●日本の地獄と中国の地獄

一人のアジア人の男が死んで地獄へと行った。地獄へ着くと、入口で、

「日本の地獄がいいですか？　それとも中国の地獄がいいですか？」

と悪魔に聞かれた。男は迷ったが、まずは両方を見学させてもらうことにした。

最初に男は日本の地獄へと行った。そこでは、人々はまず、ボイラーで煮えたぎっている油の中に入れられ、次にベルトコンベアーに乗せられ、左右から針が突き出してくる機械の中を通され、さらに、悪魔たちにマシンガンで撃たれるのだった。男は眼を伏せ、次に中国の地獄へと向かった。

中国の地獄の入口には、長い長い行列ができていて、その列が何十にもとぐろを巻いていた。男はびっくりして列の最後尾の男に聞いた。

「どうしてこんなに行列ができているんですか？　中国の地獄はどんなところなんですか？」

「人々はまず、ボイラーで煮えたぎっている油の中に入れられ、次にベルトコンベアーに乗せられ、左右から針が突き出してくる機械の中を通され、さらに、悪魔たちにマシンガンで撃たれるんですよ」

男は首を傾げながら聞いた。

「でも、それなら日本の地獄と同じじゃないですか」

最後尾の男が答えた。

「ええ、でもこちらは故障が多いんでね」

中国大陸を走る日本の新幹線

以前、上海から「中国版新幹線」に乗ったことがある。日本人にとって乗り馴れた車両は、日本のものと同様、すこぶる快適だった。

この「中国版新幹線」こと「CRH2型」は、東北新幹線「はやて」をベースにした新型高速旅客列車。列車に冠された愛称は「子弾頭（弾丸）」。日本の新幹線技術が中国へ渡ったのは、もちろん初めてのことである。

この「CRH2型」は、中国の在来線高速化プロジェクトにおいて、川崎重工業など日本の企業連合が受注したもので、中国山東省青島の大手鉄道車両メーカー「南車四方機車車両」と合弁で生産された。

しかし、二〇〇七年一月の開通時、中国メディアは「日本の技術導入」には触れず、「中国独自ブランド」をことさらに強調した。「日本の技術提供に基づく車両」という事実には覆いがかけられた。

もともと中国では、日本の企業が国内の鉄道事業に参入することに対して批判が強かった。新型車両の受注に関しては、中国の反日サイトが二〇〇四年八月、日本企業の参加に反対する署名活動をネット上で大規模に展開。わずか一〇時間で七万人近くもの署名が集まった。このことを重く受け止めた中国当局が、行き過ぎた反日世論を抑えるために、同サイトを強制的に閉鎖したという経緯がある。結局、日本は、カナダ、ドイツ、フランスとともに六〇編成分の車両を受注したが、中国政府は新型車両の運行開始に際し、反日感情が再燃することを懸念したのであろう。

そのような背景があり、新華社通信は新型車両について、「中国が独自ブランドを創設」と報じた。中国政府は、高速鉄道の自主開発という方針を明確に打ち出しており、この車両に関しても「国産」と伝えている中国メディアがほとんどだった。共産党独裁下においてメディアの自由が制限されている国の、おそまつな報道であった。

では実際、乗客たちは列車が日本の技術で製造されたものであることを、どの程度知っていたのだろうか。開通時、『毎日新聞』は、「乗客の多くは『新幹線と関係あるなんて知らない』とそっけなかった」と報じたが、その一方で、『産経新聞』は、「新幹線をベースにしていることを大半の乗客は知っていたが、反日感情を示す人はなく」としており、日本側の報道にもブレが見られた。

それにしても残念である。別に中国の方々に感謝して欲しいとか、優越を感じたいとか、はたまた中国人の感情に劣等感を植え付けさせたいとか、そんなことではない。

果たして、中国を走るこの日本の新幹線、日本と中国の「友情号」として位置付けることは不可能だったのだろうか。両国間の人の流れがこれだけあり、ネットで情報も無数に飛び交う中で、あの車両の「親」が日本であることくらい、お上からの報道がなくたってじきにわかる（実際、今ではそうなっている）。

それなら、最初から友好の証しとしてこの新型車両をプロデュースしていくことはできなかったのか。そうはならなかったところが、両国の現在のいびつな関係性を象徴している。こうした「イベント」を、両国の関係修復に巧みに利用する智恵が現実化しなかったことが残念なのである。

ただ、一つだけ切望。万が一、事故や故障でも起きた際、急に「実は日本製だった」なんて言うことだけは、勘弁していただきたい。

●最新型体重計

メイド・イン・ジャパンの最新型の体重計が発売された。なんと、声でいろいろなアドバイスをしてくれるというのだ。例えば、

「体重が徐々に増えています。お気をつけください」

というように。さらに、血圧や体脂肪率までわかってしまうという。

この最新型の体重計は、健康志向の高まるアメリカで飛ぶように売れた。

とある御婦人も、この噂の体重計をさっそく買い求めた。

『いったいどんなアドバイスをしてくれるのかしら』

彼女はドキドキしながら、嬉しそうに体重計に乗った。

すると体重計が喋り始めた。

「一人ずつ乗ってください」

●日米の比較

我がアメリカは、今では多くの技術分野で、日本に続く二番目の地位に落ちてしまった。その原因のいくつかは、かなり複雑なものだが、一つ、興味深い統計をご紹介しよう。

アメリカでは国民一万人につき、二〇人の弁護士、四〇人の会計士、七〇人のエンジニアがいる。

しかし、日本では国民一万人につき、一人の弁護士、三人の会計士、そして四〇〇人のエンジニアがいるのである。

〈結論〉我が国の弁護士と会計士を日本に輸出しよう。

●移植

日本人が自国の医学の進歩について自慢した。

「我が国では、患者から肺を取り出し、それを別の患者に移植する技術があります。そして、たった四週間後には、患者は仕事を探して歩き回ることができます」

それを聞いたドイツ人が言った。

「そんなこと、たいしたことじゃないよ。我が国では、患者から心臓を取り出し、それを別の患者に移植することができる。そして、たった二週間後には、患者は職探しに出られますよ」

するとアメリカ人が口を開いた。

「なんてことないね。我が国では、テキサスからバカ野郎を取り出し、それをホワイトハウスに移した。そしたら、たった一週間後には、国民の半分が職探しを始めたんだから」

●エンジンと心臓

そのオートバイ工場には、どんなバイクの故障でも修理できるという日本人メカニックがいた。ある時、一人の外科医がその工場を訪れた。自分の所有しているバイクの調子を見てもらおうと思ったのだ。すると日本人メカニックが叫んだ。

「おい、ちょっとこっちにきて、俺の技術を見てみろよ」

外科医が近づくと、メカニックは言った。

「これがエンジン、つまりバイクの心臓だ。俺はこれを外すことができる。そして分解し、小さなネジ一つまで直して、また組み立て、そしてバイクに戻すことができる。なあ、あんたは偉い医者かなんだか知らないが、こんな芸当は君たちには無理だろう？　なのに俺たちよりも何倍もの金を稼ぐなんてね」

すると外科医が答えた。

「しかし、あなたたちはエンジンを切ってから作業をしているのでしょう？」

【アイデアを形にする力】

●ゾウの本

各国の人々が、ゾウをテーマに本を書いた。題名はそれぞれ以下のようなものだった。

フランス　「一〇〇〇種類のゾウ料理レシピ」

アメリカ　「ゾウを大きく強くする方法」

日本　「ゾウを小さく賢くする方法」

ドイツ　「ゾウについての短い序章　一～二〇」

フィンランド　「ゾウはフィンランド人のことをどう思っているか？」
スウェーデン　「ゾウを使ってできる節税の仕方」
アイスランド　「ゾウの解凍方法」

●牛の扱い方

二頭の牛を持っていた場合、それぞれの企業は何をするだろうか。

アメリカ企業……一頭を売却、その金の運用に熱中する。残りの一頭には、四頭分のミルクを出せと強要する。そして、ある日、その牛が急死して立ち尽くす。

フランス企業……「牛をもう一頭よこせ」とストライキを起こす。

日本企業……牛を一〇分の一の大きさにし、元の二〇倍のミルクが出るように改良する。牛は信じられないほど混雑した満員電車を乗りこなし、学校や会社でトップクラスの成績を修める。

イタリア企業……牛がどこにいるのか把握していない。ランチタイムに忙しいから。

ロシア企業……まず牛を数える。五頭いるとメモをする。もう一度、数える。四二頭いるとメモをする。さらにもう一度、数える。一二頭いるとメモをする。そこで数えるのをやめ、次のウォッカの瓶を開ける。結局、牛はマフィアに持っていかれる。

インド企業……敬う。

小型化を図る国民性

「なにもなにも、ちひさきものはみなうつくし」とは、清少納言の書いた『枕草子』の一節。「なんであれ、小さいものは、みなかわいい」といった意味である。日本人の感覚の中には、「小さいものを良きもの」ととらえるＤＮＡが組み込まれているのかもしれない。

携帯電話やデジタルカメラなら世界最小・最軽量を目指し、テレビなら世界で最も薄いことに価値を見いだすモノづくり。外国人からすると、「大事なのはモノの質であって、その大小にはあまり関心がない」となるが、日本人は質が良いことは当然のこととして、さらなる小型化を図ろうとする。

もちろん、工業製品において、日本人が最も得意とするのも精密機器の分野だ。超小型の集積回路の開発など、日本の技術力は他の国を大きくリードしている。繊細な感覚と、手先の器用さは、日本人の持つ長所の一つだ。

小さなものへのこだわりが、大きな経済成長を生んだのだと言える。「小型化への志向」と言えば、日本人自身が、自らの実体を「より小さく見せる」といった自己矮小化のメンタリティもあるのではないか。

例えば、日本人は「本当はできること」でも、「いいえ、できませんよ」と言ったりする。逆に、イタリア人やブラジル人などは「本当はできないこと」でも、「おう、任せておけ」といった態度をとることがしばしばある（もちろん程度の問題だが）。

道を聞かれた時、日本人は「本当はなんとなくわかる」のに、「あまりわかりません」といった感じで応対する。逆に、海外で道を聞くと、イタリア人などは「本当はほとんど知らない」のに、「ようし、教えてやろう」と話し出す。だが、結局、本当は彼らもよく知らないので、後でこちらが道に迷う羽目となる。

日本人のこのような謙虚な姿勢は、海外で誤解を生むことも多いが、日本人は自分を「小さく」見せようとする不思議な国民性を持った民族だと言える。世界には自分を「大きく」見せようとする民族の方が圧倒的に多いのだが。

日本人は、自らさえも「小型化」しようとする、非常にユニークな民族なのである。

●ロボット秘書

アメリカ人ビジネスマンが、出張でトウキョウを訪れていた。商談がうまくまとまったので、彼はリラックスした気分で日本人のビジネスパートナーに言った。

「しかし、君の秘書はとても美人だね」

すると日本人は、笑って答えた。

「実はね、彼女は最新型のロボットなんだよ」

アメリカ人は驚いて言った。

「嘘だろう！」

「本当さ。じゃあ、説明しよう。彼女の左の耳を引っ張ると、録音が可能となる。右の耳を引っ張ると、タイプを打ってくれる。他にもいろいろな機能があるが、そう、夜のお供だってしてくれるんだ」

「夜の相手だって！　そんなバカなことが……」

「信じられないなら試してみるがいい」

アメリカ人は、そのロボットと共に、社内の休憩室へと消えていった。するとしばら

くした後、

「ギャア！　助けてくれ！」

というアメリカ人の悲鳴が聞こえてきた。日本人が舌打ちをした。

「しまった！　口が鉛筆削りになっていることを言い忘れた！」

●マッチ

ロシアがソ連だった頃。一人の男がKGBに捕まった。KGBの男が言った。

「お前は資本主義国家である日本製のマッチを、我が国に持ち込んで売っていたそうだな」

するとと男は頷きながら答えた。

「確かにその通りです。しかし、それはあくまでも、ソ連製のマッチに火をつけるために使うものなのです」

●新・世界の七不思議？

信じられないが、これらはすべて本当の話である（世界は不思議に満ち溢れている）。

一、ハワイには文字が一二しかない。
二、エスキモーは絶対にギャンブルをしない。
三、世界で最も若くして親となったのは、一九一〇年、中国の夫婦で、八歳と九歳だった。
四、日本には積み易くするためだけに開発された四角いスイカがある。
五、カリブ海には、木に登る牡蠣《かき》がいる。
六、一人当たりのコーラの消費量が最も多い国はアイスランド。
七、パラシュートを発明したのはレオナルド・ダ・ヴィンチ。

日本のフルーツ

育成中のスイカに四角い箱をかぶせてつくる「四角いスイカ」は、日本国内においてそんなに流通しているわけではないし、そもそも、「そんなに不思議なことなのか?」という気もするが、海外の人々には、かなり「奇異」に思える事象の一つのようだ。なぜだか意外と外国で知られていて、私もヨーロッパなどで何度か冷やかされたことがある。

「曲がったキュウリが捨てられている」といった話題も、「信じがたきニッポン」を笑う一例として、たびたびネタとなっている。

その一方で、繊細で、味の良い日本の果物は、世界的にも非常に好評だ。日本原産の「温《うん》州《しゅう》みかん」は、甘みも強く、むきやすいので、海外でも人気の的。温州みかんは、約五〇〇年前、鹿児島県で誕生したと言われているが、現在、海外では「サツマ（Sathuma）」の愛称で親しまれている。

また、日本のリンゴやイチゴは、中国やタイなどでは高額商品として取引されており、主に富裕層などに愛されている。

その他、「柿」も、世界的に流通していて、「Kaki」でそのまま通用する。柿はすでに一六世紀には、ポルトガル人の手によってヨーロッパに伝えられたとも言われている。

●復興支援
ある時、メキシコを震度八の大地震が襲った。街は大きく傷つき、二〇〇万人の死者が出る大惨劇となった。世界中の国々から、復興のための手が差し伸べられた。

カナダは軍隊を派遣した。

サウジアラビアは石油を送った。

ヨーロッパの国々（フランスを除く）は、食糧とお金を送った。

日本は地震の専門家を派遣し、今後の予防のためとして、地震予知コンピューターをプレゼントした。

アメリカ？　彼らは国内にいた二〇〇万人のメキシコ人を帰国させた。

●コーヒー

コーヒーに関する国際会議が開かれた。最初にコロンビアの代表者が言った。

「我が国は、世界で最も優秀なコーヒー豆を生産しています」

次に日本の代表者が言った。

「我が国は、缶コーヒーという発明をしました」

続いてアメリカの代表者が言った。

「我が国は、コーヒーに関する多くのブランドを生み、そしてインスタントコーヒーをつくり出しました」

最後にフィリピンの代表者が自慢げに言った。

「我が国は『二時間のコーヒーブレイク』という画期的な発明をし、コーヒー産業を支えております」

缶コーヒーの発明

世界で初めて缶コーヒーをつくったのは、ＵＣＣ上島珈琲株式会社の創業者である故・上島忠雄氏だと言われている（それ以前に開発されていたという説もある）。上島氏がある日、駅のホームで瓶入りのコーヒー牛乳を飲んでいた際、列車が思ったよりも早く出発したため、飲みかけのまま、瓶を売店に返す羽目になったことがあったという。瓶は売店に返すのが決まりであった。

そこで上島氏は、容器を瓶から缶にすれば、もっと気軽に、自由に飲めるようになると考え、研究を開始。缶に長時間入っていても、味の変質に耐え得るような技術の開発に取り組み、そしてようやく一九六九年に世界初の「ミルク入り缶コーヒー」が完成したのだった。時は、大阪万国博覧会の前年。万博で大きな評判となり、これを契機に、全国的に販売が伸びるようになっていった。

缶入りコーヒーは、今ではアジアの諸地域で見られるが、欧米ではほとんど定着していない。来日した欧米人の間では、愛好者も少なくないようだが、時に賛否が分かれる場合もある。「コーヒーはゆっくりとくつろぎながら楽しむもの」という人たちからは、缶コーヒーは非常に日本的な飲み物に映るのだろう。

ちなみに、アメリカでは、コーヒー豆をミルで挽いた粉状のもの（レギュラーコーヒー）の缶詰のことを「Can Coffee」という和製英語で呼んでいる。

●環境対策

地球温暖化に対する世界各国の対応。

イギリス……温暖化の理由について徹底的に議論する。

ドイツ　……温暖化についての法律を厳しくつくっていく。

日本　　……地球規模のクーラーを開発し、気温を下げようとする。

インド　……祈る。

アメリカ……「温暖化の原因はタリバン」と発表し、アフガニスタンを攻撃する。

地球温暖化への取り組み

二〇〇七年六月、日本はＥＵ（欧州連合）と共同プレス声明を発表し、「二〇五〇年までに世界の温室効果ガス排出量を半減またはそれ以上削減する」ことを提案した。

京都議定書の期限は二〇一二年までのため、翌年以降の温室効果ガス排出削減に関する規定が存在しない。この「ポスト京都議定書」に対し、EUは「二〇二〇年までに一九九〇年レベルから二〇パーセント以上削減」との方針をすでに決定している。

アメリカの動向も気になる。前のブッシュ政権は、京都議定書のように各国にそれぞれの削減義務を負わせるのではなく、日米欧に、中国、インドなどを加えた一五ヵ国前後の参加国全体として、一〇～二〇年単位での数値目標を定める体制の確立を提唱していた。オバマ政権が、温暖化問題にどのようなスタンスをとるのか、注目が集まっている。

京都議定書では、温室効果ガス六種の合計排出量を、一九九〇年を基準として二〇〇八～二〇一二年の五年間（第一約束期間）平均で削減目標を決め、各国別に割り当ててきた。ところが、現状はいかにも厳しい。日本もEUも、目標削減率の達成に十分な目処が立っていない。二〇〇八年七月に開催された洞爺湖サミットでも温暖化は重要な議題となったが、今後も具体性のある枠組みづくりの模索が継続されていく必要がある。

温室効果ガスの削減が遅々として進まない一方、地球温暖化によって起こり得る現象については、様々な研究がなされている。中には信憑性に欠ける煽情《せんじょう》的なデータもあり、あくまでも冷静な議論が必要だが、温暖化が進んでいるという事実自体は否定し難い。

私がかつて暮らしていたルーマニアでも、「昔より暑くなった」という話をよく聞いた。移動手段は馬車、水は井戸からといった昔ながらの生活を続ける田舎のルーマニア人老婆が言う。

「チャウシェスク時代よりなんだか暑くなったわ」

彼女は温室効果ガス云々といった話は知らない。ただ、おじいさんと相談して、葡萄《ぶどう》の栽培時期を少しずらした。私は、「暑くなったのとチャウシェスクは関係ないですよ」とだけ言っておいた。

イタリアのヴェネチアは、散歩するだけでも楽しい「水の都」だが、そんな街にも異変が起きている。海面の水位が上がって歩道などが水没する「アクア・アルタ」と呼ばれる現象の回数が、年々増えているという。

「街が水没したらスイスアルプスのてっぺんにでも逃げるさ」

あるイタリア人は、そう自嘲的に笑った。

世界各地でいろいろな影響がすでに顕在化している。しかし、本当の深刻さを私たち庶民が痛感するのは、まだ先のことなのかもしれない。子どもや孫の時代には、もっと大変な死活問題になっている可能性もある。

公害やオイルショックを乗り越え、現在では環境技術大国である日本は、さらなるイニシアチブを積極的に発揮するべきだ。日本のエネルギー消費効率の良さは、各国の環境対策に十分に貢献できるはずである。

【世界のクルマ屋】

●進歩

アメリカ人プログラマーが、日本人のカーエンジニアと議論していた。アメリカ人プログラマーが言った。

「僕らがクルマをつくっていれば、今頃、エンジンはV8どころかV32くらいになっているだろうし、最高速度もぐんぐん上がって、五〇〇キロオーバーくらいにはなっているだろう」

彼はさらに続けた。

「それに燃費だって、一リッターで一〇〇キロくらいは走れるようになっているんじゃないかな。そして価格だって、一台、五〇〇ドルくらいにまで下げられるような企業努力をしているはずさ」

それを聞いていた日本人が言った。

「しかし、日本車は一日に二度も三度も急に動かなくなったりはしませんよ」

●体感温度の違い

「寒い」と感じた時、人々は何をするだろうか。

一五℃……カリフォルニアの人々がセーターをはおる（持っていればの話だが）。

一〇℃……マイアミの人々が暖房を入れ始める。

四℃……カリフォルニアの人々の震えが止まらなくなる。

二℃……イタリアのクルマが動かなくなる。

〇℃……水が凍る。

マイナス一℃……あなたはオーストラリアへの旅行を計画し始めるでしょう。

マイナス三℃……カリフォルニアの人々の涙が止まらなくなる。

℃
15
10
0
-10
-20
-30
-40

マイナス　六℃……政治家がホームレスのことを議論し始める。マイアミの人々がさらに南への旅行の計画をし始める。

マイナス一〇℃……フランスのクルマが動かなくなる。

マイナス一五℃……アメリカのクルマが動かなくなる。

マイナス二三℃……ドイツのクルマが動かなくなる。

マイナス二六℃……マイアミに人がいなくなる。

マイナス二八℃……政治家がホームレスのために何かし始める。日本のクルマが動かなくなる。

マイナス三四℃……スウェーデンのクルマが動かなくなる。

マイナス四〇℃……カナダ人がセーターをはおる。

●運転方法
各国、各都市の人々の運転の仕方。
シドニー　……片手をハンドルに、もう片方の手を窓の外。
東京　　　……片手をハンドルに、もう片方の手でカーナビゲーション装置を操作。

ニューヨーク……両手をハンドルに、両足をブレーキに。眼を閉じ、テロの恐怖に震えている。

ローマ……両手を放し（ジェスチャーに利用）、両足をアクセルに。顔を後部の誰かに向け、喋り続けている。

インド……片手をクラクションに、もう片方の手を挨拶に。片方の耳で携帯を聞き、もう片方の耳で音楽を大音量で聞いている。眼は女性の歩行者に向けられ、前を走っているクルマのドライバーと会話をする。

意外と普及していないカーナビ

以前、来日したアメリカ人の友人を、愛車に乗せていた時、彼の関心を一身に集めたのがカーナビだった。彼は、「すごい機能だ。テレビで見たことはあるが、実際に見たのは初めてだ」と言いながら、大袈裟なくらいにその機能に驚くのであった。

実際、日本は世界一のカーナビ普及率を誇り、世界で販売されているカーナビの八割以上が日本製とも言われている。アメリカやヨーロッパでもカーナビは徐々に普及しているが、日本と比べると意外なほど、まだ定着していない。欧米でそんな状況なのだから、他の地域は推して知るべしである。

日本でカーナビが普及した理由については、欧米と比べて入り組んだ道路事情が背景にあるが、タッチパネルや音声ガイド、リアルな3D画面、渋滞情報や店舗情報まで得ることができるシステムというのは、来日した多くの外国人の驚嘆の対象となっている。

あるメキシコ人が話していた逸話であるが、彼がアメリカを訪れて初めてカーナビの付いたクルマを運転した時のこと、彼はカーナビの音声案内にずっと返事をしていたそうである。

「すいません、ありがとうございます」

「はい、わかりました」

などなど。彼は、どこかの局にいる案内人と、無線で交信していると思っていたのだという。

「ジョークのような本当の話」というのは、世界中に転がっているものだ。

●宇宙進出

日本、アメリカ、ポーランドの代表が、国際会議で今後の宇宙開発に関して議論を行っていた。まず、日本の代表者が言った。

「私たちは一〇年後には、月に人間を送り込みたいと思っています。月でも走れる自動車をすでに開発しました」

続いてアメリカの代表者が言った。

「私たちは一〇年後には、火星に人間を送り込みたいと思っています。火星でも使える戦車をすでに開発しました」

最後にポーランドの代表者が言った。

「私たちは一〇年後には、太陽に人間を送り込みたいと思っています」

それを聞いた日本人とアメリカ人が苦笑しながら言った。

「太陽に人を？　熱すぎてとても近づけやしないと思うがね」

するとポーランド人は微笑みながら答えた。

「それくらい私たちだってわかっていますよ。でも、大丈夫なんです」

「どうして？」

「はい。夜に着陸しますから」

●最新型カーラジオ

一人の女性が最新型の日本車を購入した。二日後、彼女はディーラーのもとに戻ってきて、

「カーラジオが動かない」

と不満を言った。セールスマネージャーは言った。

「このカーラジオは最新式ですので、完全自動型なんです。ですから、あなたは聞きたいことを口で言えばいいだけなんです。そうするだけで、すべてを聞くことができるでしょう」

彼女は驚いてクルマに戻った。そして、カーラジオの方を向きながら、おそるおそる、

「ネルソン」

と口にしてみた。するとラジオがすぐに答えた。

「リッキー？　それともウィリー？」

彼女の驚きは喜びに変わった。それからというもの、彼女は望む音楽をすべて手に入れることができた。ベートーヴェンからナット・キング・コールまで。

ある時、信号待ちをしていた彼女に、後ろからスポーツカーがすごい勢いで近づいて

きた。スポーツカーの運転手はブレーキを踏んだが、停まりきれず、彼女のクルマに追突してしまった。彼女はとっさに、

「このバカ！」

と大声で叫んだ。

するとカーラジオからこう聞こえてきた。

「それではブッシュ大統領の演説をお聞きください」

●修理工場

各国における自動車修理工場の創業三〇周年祝賀会。記念すべき「最初のお客」を招待して、祝うこととなったが、「最初のお客」からは次のような一言が寄せられた。

日本の場合　……三〇年前、この工場で愛車を修理して以来、一度も壊れたことがありません。

ロシアの場合……三〇年前に頼んだブレーキパッドは、いつ頃、取りにうかがえばよろしいのでしょうか。

ドイツ車よりもトヨタ車を購入しよう？

海外で話すと反応がいいので、私が好んで使うトピックがある。「トヨタのある街はトウキョウではない」という話だ。

これを聞くと多くの海外の人々が、不思議そうな顔をして矢継ぎ早に質問してくる。

「ではオオサカ？　ヨコハマ？」

私は首を横に振って、もったいぶりながら答える。

「トヨタはトヨタという街にある」

それを聞いた外国人は一様に驚きの声をあげる。私は、トヨタの創業者の姓が「トヨタ」であり、それが会社名となり、その後に街の名前になった経緯を、かいつまんで話す。

数年前、リトアニアの首都ビリニュスの酒場でいつものようにそんな話をしていた時、一人のラトヴィア人が私にこう聞いた。

「ではニッサンはニッサンという街にありますか？」

二〇〇七年四月五日、トヨタ自動車の名誉会長である豊田章一郎氏が、アメリカの自動車殿堂入りすることが決まった。日本人ではホンダ創業者の故・本田宗一郎氏らに続き七人目ということになる。ゼネラル・モーターズ（GM）との合弁工場で生産を開始するなど、アメリカでの現地生産の立ち上げに貢献したことが、功績として称えられた。

豊田章一郎氏は、一九二五年二月二七日、愛知県に生まれた。名古屋大学工学部機械科を卒業後、一九五二年にトヨタ自動車工業株式会社に取締役として入社。その後、トヨタ自動車販売株式会社取締役社長、トヨタ自動車株式会社取締役社長を歴任し、一九九二年に取締役会長、一九九九年、取締役名誉会長に就任した。

豊田章一郎氏は、国際競争と国際協調の調和を追い求めた世界戦略の展開によって、「世界のトヨタ」の名声をより不動のものとした。

F1への進出など、飽くなき挑戦を続けるトヨタ自動車だが、二〇〇七年「世界カー・オブ・ザ・イヤー（世界最優秀車賞）」では、同社の高級車ブランド「レクサス」の最上級車種「LS460」が堂々の受賞。日本車が受賞するのは初めてという快挙だった。

日本車というのは、我々日本人が思っている以上に、世界中を走り回っている。また、「日本」と聞いてすぐに「クルマ」を連想する外国の人も少なくない。

「日本はクルマづくりで裕福な国になった」というイメージも定着している。

二〇〇七年二月には、ドイツでこんなやりとりがあった。

ギリシア出身で、欧州委員会（EUの行政執行機関）の高官であるディマス委員（環境担当）は、「公用車をベンツから、排ガス量の少ないトヨタのプリウスかレクサスに変更したい」と表明。さらに、野党である緑の党のレナーテ・キュナスト議員が、『フィナンシャル・タイムズ紙』（ドイツ語版）の紙面上で、「ドイツ車が環境重視の車をつくらなければ、（二酸化炭素排出量の少ない）トヨタのハイブリッド車を購入しよう」とコメントした。

そのような動きに対し、ティーフェンゼー運輸・建設相は、「ドイツ車に対するボイコット運動は、安っぽい大衆受けを狙った行動だ」と反発。野党の自由民主党幹部も、「ドイツの元閣僚の主張とは到底思えない」と強く批判した。日本人が知らないところでの「日本車騒動」だが、ヨーロッパの自動車大国としてのドイツの矜持《きょうじ》が垣間見られる論争だった。

そんなトヨタも、最近では金融危機に端を発する世界経済の急激な減速の影響を受け、二〇〇九年三月期単独決算では、営業損益が赤字に転落。営業赤字は、一九八二年の旧トヨタ自動車工業と旧トヨタ自動車販売の合併以降、初めてであった。業績悪化を理由に、期間従業員との契約延長を停止するなど、「トヨタ城下町」は「トヨタ・ショック」の波にさらされている。

ところで、私は愛知県出身で、父親はトヨタ自動車に勤務していた。しかし、私自身はいまだにトヨタ車を所有したことが一度もない。欧州車が好きなのである。海外でそんな話をするたびに、また一様に不思議そうな顔をされている。

第二章　それでも日本は経済大国？

【ジャパニーズ・マネジメント】

●日本的経営手腕

ある国際企業が経営不振に悩んでいた。ある時、CEOが経営再建を実現するために最もすばらしいアイデアを出した社員に一万ドルのボーナスを出すという提案を行った。

アメリカ人社員たちは一斉に言った。

「大規模なリストラを行い、人件費をカットしよう!」

「そうだ! それがいい!」

そんな会話を静かに聞いていた日本人社員が言った。

「まず、そのボーナスの額を五〇〇〇ドルにするところから始めませんか?」

その企業はその後、見事に再生した。

定番のビジネスマンジョーク

近年、日本人が話題になる場面は、文化やスポーツの分野などが非常に多くなった。日本食は世界中で人気だが、例えば現在、ロシアのモスクワだけでも四〇〇店を超えると言われる日本食レストランが軒を連ねている。「日本＝クール」といったイメージも、かなり定着した。

しかし、そうはいっても、まだまだ「日本人ジョーク」として最も多いのが、ビジネスやお金にからんだ定番のジョークである。

日本では昨今、「失われた一〇年」という言葉が一つのキーワードのように使われていたが、海外からすると日本がずっと「お金持ち国家」であることに大した変わりはなかった。日本人が叫ぶ「不況」は、海外の人にはなかなか説得力のあるものとして伝わりにくい面があった。

近年、日本では「格差社会」をキーワードに「新たなる貧困」といった言葉も登場したが、これも国際的にはピンとこない人の方が多いだろう。

最近の金融危機と世界的な同時不況の中で、相対的にダメージの小さかった日本は、野村ホールディングスがリーマン・ブラザーズのアジア・パシフィック部門と欧州・中東部門を買収するなど、再び存在感を増し始めている。麻生政権が、日本の外貨準備高一兆ドルのうち、一〇パーセントにあたる一千億ドル（約一〇兆円）をＩＭＦ（国際通貨基金）に融資すると決めたのも、日本としては久方ぶりの「見せ場」の一つとなった（しかし、世界のメディアの報道は、必ずしも大きな扱いではなかった）。

それはともかくとして、日本が世界で最も裕福な国の一つであるという意識を、世界の人々が強く持ち続けていることは間違いない。一九八〇年代頃までは、日本人が出てくるジョークと言えば、金儲けの巧みな「ビジネスマン」がほぼ一〇〇パーセントだった。

現在ではそういった一色状態は終わったが、それでも世界のジョークには今でも、ビジネスに長《た》けた金持ちで、悪く言うと「ずる賢い」日本人がしばしば登場する。

●経営の合理化

あるビジネスマンが、日本人のボスに言った。

「私は三人分の仕事をしています。給料をもっと上げてください」

すると日本人ボスが答えた。

「給料については検討する。だが、その前に誰と誰の分を余計に働いているんだ？　その二人をクビにしよう」

●願いは叶う

同じ会社に勤めるアメリカ人、イタリア人、日本人の三人のビジネスマンがオフィスの廊下を歩いていたら、魔法のランプを拾った。ランプから出てきた妖精がこう言った。

「一人一つずつ、願いごとを叶えてあげるわ」

アメリカ人が最初に言った。

「では私をカリブ海のリゾートに連れて行ってください。仕事を忘れてのんびりしたいのです」

「おやすい御用」

アメリカ人は煙と共に消え、カリブ海へと瞬間移動した。

続いてイタリア人が言った。

「では私を地中海のリゾートに連れて行ってください。仕事を忘れて遊びまくりたい！」

「おやすい御用」

イタリア人は煙と共に消え、地中海へと瞬間移動した。

最後に日本人の番となった。妖精が聞いた。

「あなたの願いごとは何ですか？」

日本人が答えた。

「ではさっきの二人を、このオフィスに戻してください」

●大遅刻

あるイタリア人ビジネスマンが、トウキョウ支社への転属となった。その会社は、他の日本の企業同様、時間の厳守にうるさかった。たとえ、数分でも出社時間に遅れれば、彼は日本人のボスから随分と怒られるのであった。

やがて、そのイタリア人は、とうとうノイローゼ気味になってしまった。朝、早く起きなければと思えば思うほど、どうしても眠れなくなってしまい、そして結局は朝寝坊してしまうのだ。

ある日、彼は病院へと行った。そこで、医師に相談し、薬を出してもらった。医師が言った。

「この薬を一錠、寝る前に飲みなさい。そうすれば、ぐっすり眠れるし、すっきり起きられますよ」

彼はその晩、ベッドに入る前にその薬を飲んだ。効果はすぐに現れた。彼は久しぶりに深い眠りに落ちた。

朝、すがすがしい気分で目が覚めた。時計を見ると、ちょうどいい時間だった。彼は薬と医師に心から感謝した。

彼は出社すると、ボスに言った。

「いい薬が見つかりましてね。これからはもう大丈夫ですよ」

それを聞いたボスが言った。

「それはいいがね、で、どうして昨日は会社に来なかったんだ？」

●黒猫

日本人、スペイン人、中国人が、真っ暗な部屋の中で「黒猫を探してこい」と命令された（本当はその部屋に黒猫などいない）。

日本人は朝から晩まで黒猫を探し続け、「カロウシ」してしまった。

スペイン人が入った部屋は静まり返っていたが、開けてみるとスペイン人は熟睡していた。

中国人は「見つけました」と言って出てきたが、手にしているのをよく見ると、それは黒く塗られたネズミだった。

カロウシとカイゼン

「過労死」は、元々は「work oneself to death」などと訳されていたが、今では「カロウシ（Karoshi）」で通じるようになった。この言葉は、「働き過ぎの日本人」というイメージを補完する役割を果たす形となっている。

通勤ラッシュ時の駅には押し込み専用の職員がいて、彼らに背中を押されながら満員電車に乗り込む日本人サラリーマンの姿や、夜、残業（近年、「Zangyo」として海外での知名度が上がっている）で終電に乗れなくなり、カプセルホテルで眠る男たちの光景などは、欧米圏ではテレビなどを通じてよく知られたシーンとなっている（ただ、カプセルホテルは近年、ロンドンやパリにも似たようなタイプのものができ始め、それなりの人気を獲得している）。

その一方、「改善（Kaizen）」「無駄（Muda）」といった日本語も、主に製造業の分野などで、世界的に通用する言葉として広まりつつある。日本の製造業の強さを支える業務管理の考え方やシステムは、世界の良き教科書となっている。

さらに、これらの日本語は、製造業だけでなく、医療の分野でも使われ始め、例えば、アメリカのシアトルにあるバージニア・メイソン・メディカル・センターでは、「カイゼン」「ムダ」といった日本語を使用し、業務の質の向上を目指している。この病院は現在、全米で屈指の評価を得ている。

●休暇

その国際的企業の本社はトウキョウにあり、社長は日本人だった。

アメリカ人のボブは、その会社で疲れ切っていた。もう二ヵ月間、一日の休みもなかった。彼はこのままでは自分が「カロウシ」してしまうと思い、打開策を練った。

翌日、彼はオフィスに着くと、

「俺は電球だ！」

と言って大声で叫び始めた。それを見た社長は、ボブの体調を心配し、家に帰すことにした。ボブは喜んで自宅へと戻った。

それを見ていたフランス人も、家に帰ろうとし始めた。日本人社長は驚いてフランス人に聞いた。

「どうしてお前も帰るんだ？」

フランス人は答えた。

「だって、電球がなかったら、オフィスが暗くて仕事ができませんよ」

●サイレン
イタリア人の会社社長が、トウキョウを視察に訪れた。トウキョウの工場は、どこも清潔で働きやすそうだった。

とある工場を見学していると、突然、日本人の労働者たちが一斉に席を立ち、持ち場から離れていくではないか。イタリア人社長は驚いてガイドの日本人に聞いた。

「急にみんな帰ってしまいましたが、ストでも起きたのですか？」

日本人ガイドが笑いながら答えた。

「いえいえ、そうではありません。ただのお昼休みですよ。サイレンが鳴れば、みんな戻ってきます」

数十分後、サイレンが鳴ったかと思うと、確かに労働者たちは一斉に戻ってきて、無駄口もたたかず、再び整然とそれぞれの仕事を始めた。イタリア人社長は驚嘆し、ため息をついた。

工場見学はその後も順調に進み、日本人ガイドが最後に聞いた。

「何か収穫はありましたか？」

するとイタリア人社長が答えた。

「ええ、いろいろありましたがね、一つだけどうしても聞きたいことがあるのです」

「何でしょう？　何でもおっしゃってください」

イタリア人社長は言った。

「あのサイレンは、どこで買えるのでしょうか？」

●クビ

とある日本の工場。社長はとても厳しい人で、少しでも怠惰な社員がいたら、すぐにクビにしていた。その日、日本人社長は「抜き打ち」で工場内を見学することにした。

社員たちは、とても真面目に仕事をしていた。社長は満足して社長室に戻ろうとしたが、その時、工場の中庭で、壁に寄りかかりながらタバコを吸っている一人の若い男を見つけたのである。

社長は怒りに震えながらその男に近づき、そして言った。

「お前は週にいくらもらっている?」

男が答えた。

「三万円くらいですかね」

社長は自分の財布から三万円を取り出し、男の手に握らせた。

「これでお前はクビだ。わかったらさっさと出て行け！」

男は工場の敷地から出て行った。社長が近くにいた社員に聞いた。

「なんだあいつは！　どこの部署の者だ？」

社員が言いづらそうに答えた。

「はい。彼は宅配にきたピザ屋です」

●節約

日本へ出張にきたアメリカ人ビジネスマンが、日本人ビジネスパートナーにトウキョウを案内されていた。トウキョウは渋滞がひどいので、彼らは地下鉄を使って移動した。その日本人はこの大都会に対する自分の知識を誇りに思っていたので、地図や時刻表を巧みに利用し、時間を節約しながら、最も快適に目的地に着く方法を次々と提案し、実行していった。

とあるところで、彼はニッコリ笑って言った。

「ここで乗り換えましょう。そうすればもう二〇分は節約できる」

目的の駅に着くと、日本人は走って地上に上がり、新鮮な外の空気を吸った。そこにはベンチが置いてあった。日本人はベンチに座った。彼はしばらくそこで慈悲深そうな顔を浮かべ、町並みをぼんやりと眺めていた。

「何をしているのですか？」

アメリカ人が聞いた。日本人が答えた。

「さっき節約できた二〇分を使ってしまおうと思って」

●日伊の違い　その一

問い・なぜ日本のオフィスでは、静かにしなければならないのか？

答え・みんなが仕事に集中し、没頭しているから。

問い・なぜイタリアのオフィスでは、静かにしなければならないのか？

答え・みんな寝ているから。

●日伊の違い　その二

ケース一……日本人が仕事をしている夢を見た。彼は夢の中で考えた仕事のプランを、翌日の仕事に活かした。

ケース二……イタリア人が仕事をしている夢をみた。起きてみると、彼は本当にオフィスにいた。

●眼鏡店

ロサンゼルスに新たに開店した日本人経営の眼鏡店。日本人の店長が、店員に接客の仕方を教えていた。

「眼鏡を合わせ終わったら、客が値段を聞いてくる。その時にまず『五〇ドル』と言うんだ。そして、客の反応を待つ。

もしも、その時に客が嫌な表情を見せなかったら、すかさずこう続けるんだ。『が、フレーム代です。レンズはもう五〇ドル』とね。

それでもまだ客が首を横に振らなければ、こう言いなさい。『一枚につき』とね」

●夫婦喧嘩

日本人夫婦の会話。妻が夫に言う。

「あなたは毎日、仕事、仕事でまったく私にかまってくれないじゃない。いったい、仕事と私、どちらが大切なのよ」

するとと夫が答えた。

「それは仕事の業種、勤務条件などによるんだけど……」

【底力】

●日本の不況

経済大国の日本も、近年は長く厳しい不況に襲われている。

サムライ銀行は、大幅な削減をするなどして、困難に負けずに頑張っている。

ニンジャ銀行は、打撃を蒙《こうむ》ったと報告されているが、まだ黒字である。

ミソ銀行は、苦境にある。

不況を扱った英語のダジャレ

先のジョークは、日本語だけ読んでも何が何だかわからないのだが、言わば「英語の言葉遊び」となっている。前著『世界の日本人ジョーク集』の七八ページで紹介したジョークの続編とも言える。

「サムライ銀行」のくだりの「困難に負けずに頑張っている」の原文は、「soldier on」で、「戦士」を意味する「soldier」が「サムライ」のイメージと重ねられている。さらに、「大幅な削減」を表す「sharp cutback」も「sharp（鋭い）」と「cut（切る）」という語感が、刀を持つ「サムライ」を連想させる仕掛けとなっている。

「ニンジャ銀行」のところでは、「打撃を蒙る（take a hit）」がニンジャのイメージ。さらには「黒字」を意味する「in the black」が、「（忍者の衣装の）黒」「暗闇」「邪悪な」といった発想と繋がっている。

最後の「ミソ銀行」の「苦境にある」で使われているのは「in the soup」という表現で、これは、そのまま「ミソ・スープ」というわけ。

日本の経済を扱ったジョークは、これまで見てきたように「経済大国」といったイメージが多かったが、近年ではこのような「不況」を扱ったジョークも登場するようになった。

●ビジネスチャンス

アメリカと日本の靴メーカーが、アマゾン奥地のマーケティングを行った。数日後、本社に報告書が届いた。

アメリカのビジネスマン……この地域の住民に靴を履くという習慣はありません。ビジネスチャンスはありません。

日本のビジネスマン　……この地域の住民はまだ誰も靴を履いていません。ものすごいビジネスチャンスです！

●最後の願い

ある国際的なビジネス会議に参加したイギリス人、フランス人、日本人、アメリカ人の会社の社長たちが、テロリストグループに誘拐されてしまった。

テロリストのリーダーが叫んだ。

「お前たちは私たちの敵だ。これから処刑する。最後の望みを言え！」

最初にイギリス人が言った。

「死ぬ前に、すべての人たちのために『God Save The Queen（イギリス国歌）』を唄わせてくれ！」

テロリストは言った。

「よし、いいだろう」

続いてフランス人が言った。

「死ぬ前に、すべての人たちのために『La Marseillaise（フランス国歌）』を唄わせてくれ！」

テロリストは言った。

「よし、いいだろう」

続いて日本人が言った。

「死ぬ前に、すべての人たちのために『経済発展に関する日本式経営』についての講義をさせてくれないか」

テロリストは言った。

「よし、いいだろう」

最後にテロリストがアメリカ人に聞いた。

「ではお前の望みは何だ？」

するとアメリカ人は言った。

「何もいらない。すぐに処刑してくれ」

テロリストは驚いて聞いた。

「どうしてだ？　何も望みはないのか？」

アメリカ人は下を向き、首を横に振りながら、こう答えた。

「今すぐ処刑してくれれば、日本人の講義を聞かなくて済むからね」

イタい日本？

「JAPAiN」という言葉が、イギリスの有名経済誌『エコノミスト』（二〇〇八年二月二三―二九日号）に載った。「JAPAiN」とは「JAPAN」に「Pain」を合わせた造語である。現代風にあえて訳せば「イタい日本」といったところだろうか。「失われた一〇年」から脱却した日本経済が、再び停滞し始めるのではないか。そんな観点で組まれた同誌の特集名は「なぜ日本は失敗し続けるのか」。そして、日本経済が思うように良くならない理由として「主犯」に挙げられたのは、他ならぬ「政治家」であった。

二〇〇七年九月の福田政権発足以降、構造改革や経済改革の歩みが鈍化した。低い生産性に加え、消費も勢いがなく、政治家、官僚は不祥事続き。さらに、政権交替を目指す民主党も、党内は一枚岩とはいかない状況が続いた。

その後、サブプライムローン問題に端を発するアメリカ経済の失速により、日本は円高、株安、原材料高の三重苦に直面しているが、そこに政治の機能不全がさらなる大きな影を落としている。「ねじれ国会」の中で、与野党の議論が進展しない。

「JAPAiN」という造語は、一経済誌のダジャレに過ぎないかもしれないが、日本の政治に対する不信の声は、国内においても大きくなっている。二〇〇二年二月から続いた日本の景気拡大は後退局面へと入っているが、政府・与党は、内需の拡大を見据えた新たな経済成長戦略を、力強く打ち出す責務がある。

しかし、安易な悲観論に陥るのもどうかと思う。国際的優良企業の多さといった日本の「底力」を評価する向きは海外にもある。短所は短所として的確に把握し、改善しつつも、日本人自身が将来に絶望する必要はない。

例えば、日本国民の預貯金額は約一五〇〇兆円。日本国民一人当たりの財産はアメリカの一・二五倍にもなる。外貨準備高も中国に次いで世界第二位だ。

「JAPAiN」などと言っているうちに金融危機が起こり、イギリスの方が勝手に沈んでいった。「イタい」と言うのなら、日本よりもイギリスやアメリカの方がずっと「イタかった」ことが、今では明らかとなっている。

【豊かさボケ】

●なくしたもの

日本人が五万ドルの高級車レクサスを買った。彼はいつもそのレクサスの自慢ばかりしていた。

ところがある日、彼はこの高級車でドライブしていた際、対向車を避けようとして事故を起こしてしまった。自慢のレクサスは大破してしまったのである。

日本人は、対向車を運転していた男に向かって怒鳴った。

「僕の五万ドルのレクサスをどうしてくれるんだ!」

やがて、警察官が現場にやってきて、事故現場を調べ始めても、この日本人はずっと五万ドルのレクサスのことをわめき散らしていた。警察官はとうとうこう言った。

「あんたはクルマ、クルマと叫んでいるがね、いいかい、あんた、自分の姿をよく見てごらん。事故で左腕が切断されているじゃないか。それなのに、あんたは自分のクルマのことばかり叫んでいる」

　そう言われて日本人は初めて、自分の身体の左側を見た。すると、確かに左腕がなくなっているではないか！

　彼はその場に座り込み、そして言った。

「なんてこった！　僕の三〇〇〇ドルのセイコーの腕時計はどこにいってしまったんだ？」

●バカ比べ

日本人とアメリカ人が喫茶店で話してい

た。日本人が言った。

「僕の雇っている運転手のフィリピン人はね、本当にバカなんだ。ちょっと見せてあげよう」

彼はそう言って、フィリピン人運転手を呼びつけた。日本人がこう言った。

「ここに一〇〇エンあるから、これでトヨタの新車を買ってきてくれ」

「わかりました」

フィリピン人は一〇〇エンを握りしめ、街へと消えていった。日本人が笑いながらアメリカ人に言った。

「な、ひどいだろ」

するとアメリカ人がこう答えた。

「いや、うちのメキシコ人運転手の方がずっとひどいさ。本当だぜ。よし、見せてやろう」

アメリカ人はそう言って、メキシコ人運転手を呼びつけた。アメリカ人が言った。

「私の家に戻って、私が家にいるかどうか、確かめてきてくれないか？」

「おやすい御用です」

メキシコ人はそう言って、街へと消えていった。アメリカ人がため息まじりに日本人に言った。

「な、本当にひどいだろ」

その後、フィリピン人とメキシコ人は街の通りで偶然に出会った。フィリピン人がメキシコ人に言った。

「うちの主人の日本人は本当にバカなんだよ。トヨタを買ってこいって言うんだけどさ、今日は日曜日だぜ。ショールームは全部休みだよ」

メキシコ人が言った。

「それはひどいね。しかし、うちのボスのアメリカ人の方がもっとバカさ。だって家に自分がいるかどうか確かめてこいって言うんだぜ。

本当にくだらないよ。ボスは携帯電話を持っていることを忘れているんだ。電話して確かめればいいのにさ」

日本は格差社会か？

近年、日本のメディアは「格差社会」「ネットカフェ難民」「新たなる貧困問題の発生」と騒々しく書き立てている。しかし、現代の日本において、本当に世界的に納得できる「貧困」などあるのだろうか。

私はこれまで世界各地で、いろいろな人々と出会ってきた。ルーマニアでは、マンホールの中で多くの人々が暮らしていた。地下生活者たちは、シンナーに酔い、女性は売春をし、暗い地下世界で出産をするケースも存在した。

ボスニア・ヘルツェゴヴィナやコソボ自治州など、旧ユーゴスラヴィアの国や地域では、戦争で職をなくした人々が、町じゅうに溢れていた。戦争孤児たちは、絶望の中で道に横たわっていた。

パレスチナは、経済封鎖により、町の大半の人々が失職状態にあった。

以上のような例は、決してことさらにレアケースを取り上げているわけではない。アフリカにもアジアにも南米にも、これよりひどい光景は、今なおうんざりするほど広がっている。

翻って国連常任理事国の「先進国」を見ても、アメリカの格差社会ぶりは日本の比ではない。中国に至っては多くの報道がなされている通りである。二〇〇七年に私は中国を訪れたが、派手な建設ラッシュの一方、一歩路地を入ればスラム街同然の不衛生な地域も数多く存在した。家の床は土間のまま。大鍋に無数の蠅がたかって蠢《うごめ》いていた。聞けば、多くが出稼ぎ労働者だと言う。崩れかけた屋根の向こうに、六本木ヒルズをも連想させる高層ビル群が佇んでいるのが見えた。改めて、日本の「格差社会」とは何かを考えさせられた。

日本人が何かと好きなヨーロッパだって、決して「理想郷」などではない。フランスでは二五歳以下の失業率が二五パーセントにも達する勢いで、職にあぶれた若者の間では犯罪、ドラッグ、売買春が蔓延している。仏メディアでは「我が国はどうなっているのか」と、ニュースキャスターが連日、眉間に皺を寄せている。我が国と同じように。

「ネットカフェ難民」などと簡単に言うが、本当の難民からしたら笑い話、完全なジョークにしかならない。テレビ、パソコンがあり、ソファーに横になることができ、冷暖房が利いていて、飲み物が飲み放題という環境は、真の難民にとっての「夢の世界」であり、「一度はこうしてみたいなあ」という憧れであり、まさにそれこそが本当の「理想郷」である。彼らは言うだろう。

「豊かな国の人たちというのはのんきでいいね」

日本のネットカフェ難民報道など、「豊かさボケ」の極致としか彼らの眼には映らない。

もちろん私自身、非正規雇用者の増加という問題は、早急に改善していくべきだとも考えている。私も一〇年前には六畳一間に男三人で暮らし、外国人労働者と共に製本工場で働いていた。

しかし、それは「難民」などという話とは、全く別次元の話だし、そんなことは当事者の若者の多くも実はわかっているのだと思う。

「蟹工船」だ何だと煽《あお》るマスコミが最も悪い。

●担保

ニューヨークの中心地に建つ大手銀行。一人の男が窓口にやってきて言った。

「これからビジネスでヨーロッパに二週間ほど行くんだが、五〇〇〇ドル貸してくれないか?」

銀行員が答えた。

「そのような貸し付けには、何か担保が必要となりますが」

すると男はクルマのキーをポケットから取り出し、銀行の前に停まっているロールスロイスを指差した。銀行員はすべて了解し、お金を男に渡し、クルマは銀行の地下にあるガレージへと回された。

二週間後、男は銀行に戻ってきた。男は借りていた五〇〇〇ドルと、利子の一五ドルを銀行員に渡した。銀行員は言った。

「契約通りにご返済いただきありがとうございます。しかし、一つだけうかがってもよろしいでしょうか？」

「なんでしょう？」

「実はこの二週間、あなたのことをいろいろと調べさせていただきました。すると、あなたが日本人の億万長者であることがわかりました。そんなあなたが、なぜ五〇〇〇ドルなどお借りになったのでしょうか？」

　すると日本人は笑って答えた。

「だってこのニューヨークで二週間、安心して、しかもたった一五ドルで、クルマを停められる場所など他にありますか？」

●要らない

日本人とマレーシア人とインドネシア人の乗っていた船が沈み始めた。何か荷物を捨てなければ、船は完全に沈没してしまうに違いなかった。

まず最初に日本人が行動を開始した。彼は、船室に置いていたすべての日本製品——

CDプレイヤー、オーディオシステム、ラジオなど――を海に投げ捨て始めた。マレーシア人とインドネシア人は驚いた。日本人が言った。

「心配いりません。国に戻ればまだいっぱいありますから。バンザイ！」

しかし、船はまだ沈み続けていた。そこでインドネシア人は、持っていた肩掛けレースや更紗《さらさ》、タバコなどを海に投げ捨て始めた。インドネシア人は言った。

「心配いりません。国に戻ればまだいっぱいありますから」

しかし、船はまだ沈み続けていた。日本人とインドネシア人は、マレーシア人の方を見つめた。するとマレーシア人は、インドネシア人の胸ぐらをつかみ、迷うことなく、そのまま海へと放り込んでしまった。日本人はショックを受けた。マレーシア人が言った。

「心配いりません。国に戻ればまだいっぱいいますから」

真の雇用問題の発生

金融危機に端を発する世界同時不況により、日本経済も深刻なリセッションの局面を迎えているが、そんな中で雇用情勢も極度に悪化。以来、それまで連日のように新聞を賑わしていた「格差社会」といった文字は、一気に激減した。

ここにきて、「格差問題」の本質が、「失われた一〇年」から脱し、景気回復局面にあった日本において、ネタに困った一部メディアと知識人が、「景気は回復したけどまだまだ貧しい人もいるぞ」と掲げたキャンペーンであったという一面が浮き彫りとなった感が否めない。世界中が陥った未曾有《みぞう》の混乱の前に、日本の「格差問題」など、もろくも吹き飛んだのである。

金融危機の勃発後、日本の雇用問題は「本当に扱うべき問題」へと推移しつつある。日本が蒙った金融ショックの打撃は、世界的に見れば「マシ」なのも事実だが、ようやく上向き始めていた日本経済に痛い一打となったのは事実である（ただ、今回の景気低迷の原因としては、二〇〇六〜〇七年にかけて行われた日銀による金融引き締めの影響も無視できない）。

そんな中で社会問題化した「派遣切り」はもちろん、正社員に対するリストラも増えており、政府は早急な雇用対策を打ち出す必要がある（それにしたって、雇用環境の悪化は世界的なものであり、日本だけの問題でもない）。

政府は、目の前の政局に走ることなく、有効性のある政策を次々と打ち出し、速やかに実行してほしい。

とは言え、「年越し派遣村」なるものが東京の真ん中に出現したというニュースが大々的に報道されるその一方で、「ハローワークが臨時窓口を設けて紹介した約四千件の寮付きの求人紹介に大きな成果はなかった」（『日本経済新聞』二〇〇九年一月三〇日付）という現実を見れば、外国人から「不思議な国ニッポン」と言われて当然であろう。

一〇年後、ジョークの世界では「金持ちキャラ」を、どこの国民が演じているのか。日本人は降板となり、中国人が怪演していたりするのだろうか。それは今後の我が国の政治の力、そして私たち国民一人ひとりの力にかかっている。

第三章　グローバル化の波にさらされて

【国際政治】

●難問

　ブッシュとプーチンがバーで呑んでいた。二人の会話の話題は、外交から経済まで多岐に及んだが、いつしか話は日本についてとなった。ブッシュがプーチンに聞いた。

「現在の日本の首相は誰だったかな？　コイズミ？　アベ？　それとも別の人物かな？」

　プーチンが答えた。

「そんなことも覚えてないのかい？　君もいい加減にしたまえ。そんなことでは大統領失格だぞ」

プーチンは続けた。
「確かアルベルト・フジモリだろう？」

影の薄い日本の首相

二〇〇一年四月の就任以来、実に五年余りにわたって首相の座に着いていた小泉純一郎氏は、ジョークのキャラクターとしてなかなかの好演ぶりだった。「変人」と言われた小泉氏は、個性もあり、海外でもしばしばネタになる、かなりの「役者」と言えた。国際的な知名度は、歴代の日本の首相の中でも随一であった。

そんな小泉氏を引き継ぐ形で誕生した安倍晋三、そして福田康夫政権だったが、その「キャラクター」は不透明のまま終わってしまった感がある。結局、「アベ」「フクダ」の登場するジョークは、あまり生まれなかった。「アソウ」もいまだ舞台に上がっていない感がある。

ただ、一応、少しフォローすると、「日本の首相の世界的な知名度が高くない」と嘆いたところで、では日本人はドイツやイタリアの首相の名前をきちんと答えられるのかというと、心もとないだろう。イギリスにしたって、前首相のトニー・ブレアは知っていても、現首相のゴードン・ブラウンまで答えられる人は、どれくらいいるだろうか。

「政治に関心がない」「政治離れ」というのは、日本人だけでなく、どこの国でも多かれ少なかれあるのであって、日本の首相が知られていないというのも、そういった文脈で読み解くこともできる。

結局、世界的に有名な政治家といえば、ブッシュやプーチンとなるのであって、この二人は有名といっても、どちらかというと「悪名」で通っていることの方が多いのだから、それよりは「マシ」という解釈も成り立つようにも思う。

混迷する日本の政治

「安心実現内閣」と命名された福田改造内閣が、二〇〇八年九月、首相の突然の退陣表明により崩壊。安倍政権に続く短命内閣となった。ただ、安倍氏は体調面での理由があったが、福田氏の場合はこれとは異なり、「政権投げ出し」と言われても仕方がない。福田氏当人は著作の中で、「政権を四年堅持できない人はやらない方がいい」と主張していたのだが。

ただ、福田政権について、マスコミや国民も「早く辞めろ！」と声を合わせていたのに、実際に辞任すると、「無責任だ！」となるのだから、首相という仕事は割に合わないなという面も感じなくもない。

北京オリンピックの日本選手団を前に、「せいぜい頑張って」。退陣表明の際には、「あなたとは違うんです」。

福田氏自身は本来、非常に真面目な人で、目の前の仕事に真剣に向き合っていたのだとも思うが、しかしそれにしても、好感度の低い首相だった。

愛嬌とユーモア感覚。これらの要素は、外国では政治家に求められる基本的センスとしてよく言われることである。福田氏には、この二つが決定的に欠けていた。考えてみると、小泉氏はこの点において巧みだった。政策論争が大切なことは自明のこととして、それに「プラスα」の部分が実は大事なのである。その「α」とは、自らの政治信念や政策を、プロの政治家として「どう表現するか」ということである。

戦国時代、明智光秀と羽柴秀吉は、信長の後継者として互いに競ったが、知識、教養、家柄ともに光秀が秀吉を一歩リードしていた。だが秀吉にあって光秀になかったもの、それは愛嬌でありユーモアであった。

現在の麻生太郎首相は、どうだろうか。光秀か、秀吉か、それともどちらのタイプでもないのか。

それにしても、こう首相の顔がめまぐるしく変わると、先のジョークではないが、海外の人たちはとても名前など覚えきれないだろう。いや、日本国民でも、うっかりすると誰が首相なんだか、わからなくなってしまうような状況である。

内閣が変わると、総理の私的諮問機関などの活動は、ほぼゼロに帰してしまう。これでは、それまでに進めてきた建設的な議論も立ち消えとなり、国益を大きく損なうことにも繋がる。アメリカ大統領の任期は四年だが、長期的な政治的前進を試みるには、これくらいの期間を政権に与え、その中で腰を落ち着けて手腕を発揮してもらう形の方がメリットは大きいのかもしれない。

さらにマスコミも、政治家の失言探しに汲々《きゅうきゅう》としたり、揚げ足取りのような記事に集中する傾向が垣間見られるが、より本質を衝《つ》いた的確な批判力が求められる。

二〇〇九年に入って、解散・総選挙の声も日増しに大きくなっている。そうなれば、また新たな首相の名が海外に打電されることになるかもしれない。この原稿を書いている時点での首相と、この本が書店に並んだ時の首相の名前が、違うものになっていることを危ぶみながら筆を進めるというのも、なんとなく寂しい感覚である。

それはともかく、次の政権が、国民が期待を寄せるに足るだけの存在になれるかどうか。有権者から、「せいぜい頑張って」としか言われない政権では困る。

●政治とメディア

日本の政治は、迷走を続けていた。フクダ首相は、自らの支持率の低さを嘆き、そして自分のことを悪く書く新聞メディアに怒りを覚えていた。ある時、彼は各新聞社のジャーナリストたちを自分の別荘に呼びつけた。そして言った。

「私は無能ではない。よく見ておけ」

彼はそう言ったかと思うと、湖の上を歩き出した。彼の身体はまったく沈まなかった。それまで隠されていた彼のゼンとヨガの能力に、その場は騒然となり、そこには感動さえ生まれたのだった。

翌日の新聞をフクダは楽しみにしていた。しかし、各新聞社の見出しを見た途端、彼は大きなショックを受け、そして辞任を決意したのである。

キョウト・ポスト　「フクダ政権が巧妙なるプロパガンダを駆使し、国民を欺こうとする姿勢を鮮明に」

フジ・タイムズ　「フクダが勝手に他人の土地に侵入した疑い」

トウキョウ・ジャーナル　「フクダは泳げない」

●良いニュースと悪いニュース

　ある時、神様が世界の三人のリーダーを呼びつけた。それはアメリカのブッシュ大統領、中国の胡錦濤《こきんとう》国家主席、そして日本のアソウ首相だった。神様は三人に言った。

「もう人類にはうんざりだ。あと三日で地球を滅ぼすことにした！」

　アメリカに戻ったブッシュは、側近に言った。

「良いニュースと悪いニュースがある。良いニュースは、神が本当に存在したということだ。悪いニュースは、世界はあと三日で滅亡するということだ」

　中国に戻った胡錦濤は、側近に言った。

「悪いニュースと最悪のニュースがある。悪いニュースは、神が存在したということだ。最悪のニュースとは、その神が我々の世界制覇の野望をくじこうとしているということだ」

日本に戻ったアソウ首相は、側近に言った。

「良いニュースと最高のニュースがある。良いニュースは、私が世界の三人のリーダーに選ばれたということだ。そして最高のニュースとは、日本の不況はあと三日で終わるということだ」

麻生政権の行方

麻生氏の登場するジョークは、今のところ、残念ながら（？）あまり多くないが、たまの出番がこんな役というのも、さすがに切ない。

麻生政権は、世界的な大嵐の中での船出となった。「アメリカ金融帝国」の崩壊は、グリーンスパン連邦準備制度理事会（ＦＲＢ）前議長をして、「半世紀に一度、もしかすると一世紀に一度の事態である」と言わしめた。一九二九年に起きた世界恐慌を上回るかもしれないという危惧が、日本を含めた世界経済を襲っている。

今回の金融危機は、当分、収束しそうにないと見る向きが市場にも強い。アングロサクソン型の国際金融ビジネスモデルが崩壊し、今後はグローバルな規制強化の時代が始まっていくだろう。「市場は万能」という経済の常識は、もろくも崩れ去った。

そんな中で、日本の金融危機対策の効果も、総体としていまだ不透明である。日本経済は他の国々に比べれば、相対的に言って直接のダメージは少ないが、景気が後退局面に入る中で、株価は下落傾向が続いている。市場関係者からは、「日経平均の下値を予想するのは無駄な状況」との声があがっている。国内政治の混乱が続く中で、日本経済が危機を脱するためのシナリオは不十分であり、トンネルの出口はまだ遠そうだ。

金融危機の深刻化の中で、銀行の貸し渋り傾向も強まっている。株価の急落が、連鎖的な信用不安を煽り、貸し渋りを悪化させている。負の連鎖はメガバンクだけにとどまらず、地方の金融機関を直撃しており、地方の中小金融機関の経営体力が消耗することは、その土地の中小企業への貸し渋りへと繋がる。官民一体となって、景気の停滞に歯止めをかけたいところだ。

アメリカの作家マーク・トゥエインは、次のように言っている。

「銀行員というのは、太陽が照っている時に傘を貸してくれ、雨が降り出すとすぐに、返してくれと言う人のことである。（A banker is a fellow who lends you his umbrella when the sun is shining, but wants it back the minute it begins to rain.）」

今、雨脚は強まり、今後の天気予報もあまり良くない。傘もなく、ずぶ濡れになる人たちが多く出れば、悪質な風邪が流行るだろう。

集団風邪になる前の、早めの処方箋に期待したい。

【近隣諸国との関係】

●日本人店舗VS.中国人店舗

ニューヨーク郊外のその大型ストアは、日本人が経営する店で、商品の質もすばらしく、店員の応対も良いのでとても流行っていた。入口には「最高の品質、破格の値段」と書かれた大きな看板を掲げていた。

ある時、そのすぐ隣に中国人が店を出した。しかし、その店はコピー商品が多かったので、日本人経営者は、

『うちの店の客が減ることはなさそうだ』

と安心していた。

ところが、しばらくすると、客足が日に日に遠のいていった。日本人は怪訝に思って中国人の店の様子を見に行った。すると、日本人の店の看板のすぐ隣に、さらに大きな看板が新しくできていたのである。そこには、中国人の店の入口を指してこう書かれていた。

「入口はこちら」

国際情勢を反映するジョーク

先のジョークでは、経済発展と共に世界に進出してくる近年の中国の姿が巧みに描かれている。国際社会が感じている、中国に対する不満や脅威を、ジョークを通じてチラリと垣間見ることができる。

それにしても、中国人の「あくどい」やり方に、まんまとやり込められる日本人の姿が、将来の日本の姿を想起させ、思わず苦笑するしかない。否、今後は苦笑では済まなくなっていくかもしれない。

アメリカで新たに発足したバラク・オバマ政権は、中国との関係強化に積極的に取り組んでいくことが予想される。日本を軽視するとまではいかないが、歴史的経緯を振り返っても、民主党が対中政策に重点を置いてきたことは間違いない。そんな中で、日本は次の段階としての対米関係、対中関係をどのように構築していくのか。政治家には、大局に立った上での難しい決断が迫られていくだろう。

そんな新たな関係性の中で、今後、どのようなジョークが生まれてくるのか。楽しみのような、不安なような気もする。

●実現不可能

日本の総理大臣が道を歩いていると、一つのランプを見つけた。彼がそのランプを拾うと、中から妖精が出てきた。妖精が言った。

「あなたの願いを何でも叶えてあげましょう」

総理は少し悩んでからこう言った。

「それでは我が国の財政を助けてくれませんか？　我が国には多額の借金があるのです」

すると妖精が、すまなさそうな顔をして答えた。

「悪いけどそれはできないわ。私にもできることと、できないことがあります。天文学的な額に上る日本の借金を帳消しにすることは、たとえ妖精の力でも不可能よ」

それを聞いた総理は落胆したが、気を取り直して言った。

「わかりました。では別の望みにします。中国との仲をもっと良くしたいのです。私は中国が好きです。ですから、中国人ももっと日本のことを理解し、好きになってもらいたいのです」

妖精はしばらく考えていたが、やがてこう言った。

「あの、日本の借金っていくらあるの？」

のび太が首相に？

二〇〇七年九月に発足した福田康夫政権については、世界各国のメディアも大きく報道した。その一例を挙げてみよう。「福田氏はアジアの近隣諸国とのより友好的な関係を目指す人物」（ロイター通信／イギリス）、「与党は保守的な安倍晋三首相による破滅的な一年を経て、安全な手腕を志向した」（AFP通信／フランス）、「安倍首相の下で地に落ちた有権者の政府に対する信頼の回復に責任を負うことになる」（DPA通信／ドイツ）。それぞれ主張するところは、日本のメディアと大きな違いは見られない。

一方、ユニークな反応が見られたのが中国だった。と言っても主要メディアは、「（福田氏は）性格が温和で、政策も穏健なことで知られる」（新華社通信）といった無難な記事が目立った。その他、「親中派」としての期待感をうかがわせる文面が多かった。

そんな中で、ユーモアをもって取り上げたのは、中国のネット社会だった。

「のび太が首相に」――中国のブログや掲示板は、こんな話題で盛り上がった。「日本はドラえもんの時代に入った」「官房長官はドラえもんで決まり」といったコメントが並んだのである。中国では、日本のアニメ・マンガの『ドラえもん』は大変な人気がある。

もちろん、福田首相が『ドラえもん』の中のキャラクター「のび太」に擬せられたのにはわけがある。一つは言わずと知れた外見。確かに似ていると言えば似ている。

ただそれだけなら、話はこれほど大きくならなかっただろう。なぜ、中国の人々がこうもネタとして喜んだのか。それは中国版『ドラえもん』では、「野比のび太」の名前が「野比康夫」で登場しているからである。

中国というと、「反日デモ」「反日教育」ばかりが取りざたされることが多い。もちろん、それは中国社会の紛れもない一面であり、多くの日本人が感じる通り、常軌を逸した異様なものである。しかし、中国人の対日観がそればかりかと言うとそうでもない。

「『東京ラブストーリー』を欠かさずに観ていた」

「『タッチ』に影響を受けて野球を始めた」

「村上春樹を尊敬している」

いずれも、私が実際に当地で聞いた中国人の言葉である。日本のテレビ、マンガ、文学は、中国でも大変な人気だ。音楽や映画も同様である。日本の家電製品やクルマに対する憧れは言うまでもない。

中国人の対日観の中には、二つの座標軸があることを理解しなければならない。一つが「反日」であり、もう一つは日本を評価し、憧憬している面である。この「二面性」は、中国人自身の内的葛藤でもあるのだが、その複雑さを正しく認識する必要がある。どちらか一つだけを強調し過ぎてもいけない。

国旗を燃やしたり、日本車を破壊するような反日デモは、自らの低い民度を国際社会に晒すものでしかないが、そのすぐ脇では、日本の牛丼チェーン店が満員になっていたことも、私たちは知るべきである。デモに参加した若者の部屋が、日本製品で統一されていたりするのが、中国社会のリアリティである。

さて、隣国でも話題の福田氏だったが、小沢一郎氏は「ジャイアン」だったのだろうか。「背水の陣内閣」、ドラえもんは助けてくれなかった。

●喧嘩の発端

ある時、日本人と中国人が殴り合いの喧嘩をしていた。やがて警察がやってきて仲介に入った。中国人が口を開いた。

「とにかく滅茶苦茶な話なんですよ」

中国人は続けた。

「そこの生意気な日本人が、私に殴り返してきたのが喧嘩の発端なんです」

●日中比較論

同じアジアの隣国でも、日本人と中国人はその生活様式が大きく異なるらしい。

日本の場合
一……一つの苦労
二……二人の子ども
三……日に三度の食事
四……四輪車
五……五ケタの給料

中国の場合
一……一人の子ども
二……二輪車
三……三ケタの給料
四……四つの苦労
五……それでも食事は日に五回

北京五輪を巡る問題

二〇〇八年に開催された北京五輪を巡る混乱は、世界的な広がりを見せた。長野市で行われた聖火リレーは、中国人留学生とチベット支援者との間で小競り合いが起き、逮捕者も出るなど、「平和の祭典」らしからぬ光景一色となった。海外メディアも「聖火リレーに声援と抗議」（CNN）、「日本の聖火リレーで乱闘」（BBC）など、この様子をトップニュースで伝えた。一方の中国国営・新華社通信は「観衆は祝意を示した」とだけ伝え、沿道から物が投げられたり、逮捕者が出たことなどには、ほとんど触れなかった。

中国の隣国である日本で行われる聖火リレーに対し、世界はその開催以前から大きく注目していた。その中で、善光寺が同じ仏教徒であるチベットの人々に対する弾圧を憂慮し、聖火リレーの出発地を返上したことは、世界の多くの人々を納得させるのに十分な態度だった。「チベットでの人権問題」といった淡い言葉で、チベットの実態をごまかしてはいけない。一九五〇年に中国人民解放軍がチベットの地に進攻して以降、数十万から一二〇万人以上とも言われる大虐殺が行われたのがチベット問題の根幹である。二〇〇八年三月以降の一連の混乱においてもわかるように、犠牲者の数はさらに増え続けている。

高度な情報統制下で、このような史実を何も知らない人民が、「愛国」を叫びながら長野でも中国国旗を振った。「五輪の成功」を願うのなら五輪の旗を振るべきだが、長野の沿道で彼らが手にしていたのは赤い五星紅旗ばかりだった。

中国の手は、チベット人の血に塗《まみ》れている。中国共産党が必死に守ろうとした灯火は、憎しみと怒りと嘆きの炎であり、業火そのものであった。

改めて問いたい。あの炎は、誰のためのものだったのか。何のための聖火リレーだったのか。

聖火リレーが初めて行われたのは、一九三六年のベルリン五輪。発案者はドイツの学者だと言われるが、要はナチス・ドイツの政治的プロパガンダに利用された。

「喜劇王」チャールズ・チャップリンは、一九四〇年にアドルフ・ヒットラーを痛烈に皮肉った映画『独裁者』を世に問い、一喜劇人としてナチス・ドイツに毅然と立ち向かった。

そのチャップリンと一九七一年に面会したこともあるという萩本欽一氏が、聖火ランナーを務めた。走る前には、「沿道の人とハイタッチしながら走りたい」と口にし、「欽ちゃん走り」なるギャグをするかどうかにも話題が集まった。結局、当日は得意のギャグも披露できなかったが、聖火を灯したトーチを掲げ、笑顔で沿道の人々に手を振った。

「欽ちゃん走り」だかなんだか知らないが、もし本当にそんなことをしていたら、どれだけ国際社会から良識を疑われただろう。本人は「芸」だと言うだろうが、世界の人から見れば「わるふざけ」にしか見えない。ヨーロッパでもアメリカでも、あれだけ大勢の人たちが抗議の声を叫んだことについて、彼はいったいどう考えているのか。

走り終えた後、彼はこう言った。

「個人的には幸せな気分でした」

彼はチャップリンにはなれなかった。

●願いごと

カナダ人と金正日《キムジョンイル》とコイズミ首相が魔法のランプを見つけた。ランプから妖精が出てきて言った。

「一人に一つだけ、願いごとを叶えてあげましょう」

まずカナダ人が言った。

「私は農夫です。私の父も農夫だったし、私の子どもも将来は農夫になるでしょう。ですから、広大な農地を私にください。それを代々、耕していければ本望です」

「わかりました」

妖精はウインク一つして、その願いを叶えてあげた。

次に金正日が言った。

「我が国の周囲に強固な壁をつくってください。そうすれば、アメリカから攻撃されることもなくなります。そして、我が国から出ていこうとするバカな国民もいなくなる」

「わかりました」

妖精はウインク一つして、その願いを叶えてあげた。

コイズミは、なかなか願いを言わなかった。妖精が聞いた。

「あなたも願いごとを言ってください」

するとコイズミが逆に質問をした。

「北朝鮮につくった壁というのは、いったい、どういうものですか？」

妖精が答えた。

「高さは一万メートル、国境を完全に取り囲み、蟻一匹通り抜ける隙間もありません」

それを聞いたコイズミが言った。

「では、その壁の中を大量の水で満たしておいてください」

【日米関係】

●歴史の授業　その一

日本人ビジネスマンのスズキさんの息子が、アメリカの小学校に編入した。第一日目の授業はアメリカ史だった。先生が子どもたちに質問する。

「『自由か、しからずんば死を！』と言ったのは誰でしたか?」

子どもたちは誰も手を挙げることができなかったが、やがてスズキ君が挙手をして答えた。

「パトリック・ヘンリーが一七七五年に言いました」

先生が続けて質問する。

「『人民の、人民による、人民のための政治』と言ったのは誰ですか?」

すると、やっぱりスズキ君しか手を挙げる者はいなかった。

「アブラハム・リンカーン。一八六三年です」

先生はクラスのみんなを叱り始めた。

「皆さん、恥ずかしくないんですか？　スズキ君はアメリカにきたばかりなのに、あなた方よりアメリカのことをずっとよく知っているのですよ！」

するとと生徒の中の一人が、

「くそったれの日本人め！」

と言った。それを聞いた先生が、

「誰ですか！　そんなことを言ったのは？」

と言うと、スズキ君が手を挙げて言った。

「リー・アイアコッカ。一九八二年です」

今度は別の一人の生徒が、

「ウエッ、もう、ゲロ吐きそう」

とため息をついた。先生が怒鳴るようにして言った。

「誰が言ったんですか！」

するとスズキ君が手を挙げて答えた。

「ジョージ・ブッシュ。日本の首相に向かって言いました。一九九二年です」

パパ・ブッシュの失態

リー・アイアコッカは、アメリカの自動車製造会社クライスラーの元会長で、フォード社の元社長。「アメリカ産業界の英雄」と呼ばれ、大統領選出馬の噂が立ったこともある。一九七〇～八〇年代にかけて、日本車メーカーと散々やり合い、時には反日的な言動を取ることもあった。そんな彼の態度が、先のジョークのネタになっている。

ジョークの最後の部分、一九九二年に日本の首相（当時の宮沢喜一首相）に、「ウエッ、もう、ゲロ吐きそう」と言ったというジョージ・ブッシュとは、ジョージ・W・ブッシュの父親で、いわゆる「パパ・ブッシュ」。来日した際に招かれた宮中晩餐会の席で、パパ・ブッシュは実際に嘔吐してしまい、退席したという事柄が、オチとして使われている。

●ムチ打ちの刑

アラブ人、日本人、アメリカ人が、未開のジャングルを探検していた。ところが、道に迷った三人は、先住民たちに捕まってしまった。族長らしき人物が三人に言った。

「お前たちをムチ打ち一〇回の刑にする。しかし、私たちにも慈悲はある。何か一つだけ、希望するものを背中に付けても良い」

最初にアラブ人が前に出された。アラブ人は言った。

「では背中に油を塗ってくれ」

背中に油を塗ったおかげで、ムチは背中を滑り、アラブ人はなんとか痛みをこらえることができた。

続いて日本人が前に出された。日本人は言った。

「私は何もいらない」

日本人は黙ってムチ打ちの刑をこらえた。背中からは血が流れたが、彼は表情一つ変えずに耐えきった。

最後にアメリカ人が前に出された。アメリカ人はしばらく黙っていたが、やがてこう言った。

「背中にあの日本人を巻き付けてくれないか？」

●迎撃ミサイル
日本がアメリカから最新式の迎撃ミサイルを購入した。さっそく、日本軍はこのミサイルの発射実験を行った。しかし、何度やっても、ミサイルを撃ち落とすことはできなかった。その様子を見ていた日本人士官の一人が、ため息まじりにつぶやいた。

「全然、当たらないじゃないか」

士官がそう言った途端、警察官が彼の左右にやってきて、彼は捕まってしまった。士官が声をあげた。

「なんだよ、俺が何をしたって言うんだ？」

警察官が答えた。

「国家機密漏洩罪だ」

第四章　世界史の中のニッポン

【日本人移民】

●丁重な日本人

日本人とは、なんと丁重な人々であろう。

彼はいつも、

「すいません、どうもすいません」

と言って、お隣さんの庭に入ってくる。

彼は笑って言う。

「本当にすいません」

彼はニコニコと微笑み、お辞儀をする。そして、お腹を空かせた家族を呼び込む。彼は笑う。お辞儀をし、また微笑む。そしてこう言うのだ。

「本当にごめんなさい。でも、ここはもう

私の庭ですね」

日本人移民を揶揄

先に紹介したジョーク（風刺詩）は、アメリカの作家オグデン・ナッシュが、一九三二年に刊行された雑誌『ライフ』の誌面上で発表したもの。当時、アメリカ西海岸に急激に増えていた日本人移民を風刺した内容となっている。

この時期、日本人移民への排斥運動には、ひどいものがあった。

一九世紀末以来、アメリカ西海岸には、多くの日本人が「出稼ぎ」を主な目的としてやってきていた。一八九四年から一九〇八年までの間で、合計一二万五〇〇〇人もの日本人が、太平洋を渡ったと言われている。

その後、日本人の渡米が制限される一方、すでに在留していた日本人に対しては家族の呼び寄せが認められ、これにより家族移民が流入するようになった。こうして、「日本人町」が各地に生まれ、それらは徐々に発展を遂げていった。だが、日本人の勤労ぶりは、アメリカ人に「将来の脅威」として受け止められることも少なくなかった。

アメリカ国内において、人種差別的な反アジア的風潮が強まりを見せた時代ではあったが、それでも、日本人移民の人口が減ることはなかった。そしてこのことは、日本人移民排斥運動を一層、激化させる要因となった。ナッシュの風刺詩は、こうした事象を背景に生まれている。

太平洋戦争が勃発した後は、日本人移民は「敵性外国人」として差別され、一九四二年には居住地から強制退去。不自由な収容所での生活を強いられたのである。

ブラジルに渡った日本人移民

すっかり「マンガ大国」として世界に知られるようになった昨今の日本だが、世界各地には「日本人が知らない」様々なマンガが存在している。

そんな中の一つ、『モニカと仲間たち』は、ブラジルの国民的マンガだ。約四〇年も前から始まったこのマンガは、主人公のモニカという少女を中心にしてストーリーが展開する。二〇〇八年、この圧倒的な人気を誇るマンガに、日系ブラジル人の新キャラクター「チカラ」君が登場することとなった。

日系ブラジル人は、ブラジルに移民として渡った日本人の子孫で、そもそもの歴史は一九〇八年にまで遡る。つまり二〇〇八年でちょうど一〇〇周年。先のマンガの「チカラ」君の登場も、日本人移住開始から一〇〇周年を記念してのことであった。

かつて、多くの日本人がブラジルに渡った背景には、農業労働者の不足に悩むブラジル、移民を政策として奨励する日本、そして、アメリカにおける日系人に対する人種差別の激化といった要因があった。遠く南米の地に着いた彼らは、主にコーヒー農場などで働いた。

戦後も移民の動きは続き、その子孫である二世、三世、さらに現在では四世、五世も誕生している。ちなみに日本で活躍する著名な日系人には、サッカー解説者のセルジオ越後（二世）、歌手で元オメガトライブのカルロス・トシキ（三世）、サッカー日本代表の田中マルクス闘莉王（三世、現在は日本に帰化）、歌手のマルシア（三世）などがいる。

現在もブラジルは世界最大の日系人居住地で、約一五〇万人もの日系人が生活していると言われている。

日本人移住開始一〇〇周年にまつわる話題は、他にもある。二〇〇八年のリオのカーニバルでは、名門チーム「ポルトダペドラ」が「日本人移民」をテーマに選び、主役の一人である有名女性モデル、アンジェラ・ビスマルキさん（当時、三六歳）が「日本人風」に目を細く整形して話題を集めた。もっとも、目はカーニバル後にすぐに再手術して元に戻したという。

ちなみに、外国人が日本人の特徴として「目が細い」ことを挙げることを不快に思う日本人がいるが、そこにネガティブな意味はあまりない。逆に海外では「目が細い」ことが「クール」「凛々《りり》しい」「神秘的」といったポジティブな文脈で語られることも少なくない（もちろん時と場合、地域にもよる）。

昨今、多数の日系ブラジル人が日本へ出稼ぎにくるようになったが、そのことに起因する様々な問題も生まれている。出稼ぎ者の子弟の就学問題、日系ブラジル人の犯罪、日系ブラジル人に対する差別の問題などは、これまでに多くの議論がなされてきた。

現在、日本に滞在する日系ブラジル人の数は、約三〇万人と言われている。日本人移住開始一〇〇周年という記念の年を経て、さらなる良好な関係が構築されていくことが期待される。

しかし、世界的な景気の減速を受けて、日本でも雇用状況が悪化。その波は日系ブラジル人を直撃し、企業側が一方的に解雇を通告するケースも増えている。最近は日本での定住化も進み、何十年ものローンを組んで家を購入している日系ブラジル人の数も少なくない。彼らの生活は、今、非常に不安定な立場にある。

【太平洋戦争という過去】

●報い

ユダヤ人と中国人がバーで呑んでいた。するといきなり、ユダヤ人が中国人の顔を殴りつけた。驚いている中国人にユダヤ人が言った。

「これはパール・ハーバーの報いだ！」

中国人は、首を横に振りながら答えた。

「違う違う！　パール・ハーバーを奇襲したのは日本人だ」

するとユダヤ人は言った。

「ジャパニーズだかチャイニーズだか、何ニーズだか、そんなこと知らねえよ。全部同じだ！」

「わかった、わかったよ」

中国人はそう言って再び呑み始めた。ユダヤ人も静かに呑み直し始めた。

それから数十分後、今度はいきなり中国人がユダヤ人を殴りつけた。中国人は言った。

「これはタイタニック沈没の報いだ！」

ユダヤ人は、首を横に振りながら答えた。

「違う違う！　タイタニック号を沈めたのは氷山（アイスバーグ）だ」

すると中国人は言った。

「アイスバーグだかゴールドバーグだかスタインバーグだか、そんなこと知らねえよ。全部同じだ！」

パール・ハーバー

数年前、映画『パール・ハーバー』が公開され、そのかなりの出来の悪さが評判となったが、私はこの映画をクロアチアの首都ザグレブの映画館で観た。

ただでさえアジア人が珍しい街の中、その館内では私に対して多くの奇異の視線が投げかけられた。あからさまに声をかけられることはなかったが、多くの人々がチラチラと私の方を気にしながら、何やらささやき合っていたのである。映画館はほぼ満席だった。

真珠湾攻撃をテーマとした写真集なども、世界のあちこちで売られている。ルーマニアの片田舎の小さな書店にも置かれていたから、かなり広く流通しているのだろう。

「九・一一」のテロが勃発した日、私はルーマニアにいた。ルーマニアのテレビは一斉にこのテロ報道一色となり、緊急の各種討論番組が始まったが、ルーマニア人の評論家の中には、「これは第二のパール・ハーバー。日本が第二次世界大戦の報復に出た可能性がある」などと真面目な顔で話している輩もいた。彼がいったい何の評論家なのか、信じられない気持ちで観ていたが、「パール・ハーバー」というキーワードが、日本人が思っている以上に、一人歩きしているのを感じた瞬間だった。

●ヤマシタ将軍

ある精神科医のところに、背の低い、太った男がやってきた。男は机の前に立ちふさがって言った。

「おい、俺に頭を下げないか！　このずるい中国人め。私はヤマシタ将軍だぞ！」

精神科医は男に聞いた。

「どうしてあなたは自分がヤマシタ将軍だと思うのですか？」

「それは神が私をヤマシタ将軍にしたからだ！」

その後、丁寧なカウンセリングを行った結果、男は正気を取り戻し、喜んで自宅に帰って行った。精神科医はため息を一つついた後、携帯電話を手にして言った。

「チャーチル閣下でしょうか。こちらはリム・ボーセン。ヤマシタ将軍の作戦を入手することに成功しました」

リム・ボーセン

先のジョークはシンガポール発。かの国がたどった歴史が背景となっている。

リム・ボーセン（林謀盛）は、一九〇九年生まれの福建系華人で、第二次世界大戦中、シンガポールとマレーの華人や、イギリス人などによって組織された一三六部隊のリーダーとして奔走したことで知られている。一九四四年に日本軍によって投獄されて亡くなったが、現在に至っても、シンガポール華人社会では英雄として語り継がれており、その名を知らない人はいない。

「ヤマシタ将軍」というのは、山下奉文《ともゆき》陸軍大将のこと。第二五軍の司令官としてマレー作戦を指揮し、シンガポールを陥落させた。マレー作戦の成功により、日本国内では「マレーの虎」の異名で国民的英雄となった。

シンガポール統治時代には、華僑に対する弾圧も行われた。一九四四年からはフィリピンに赴任し、防衛戦を指揮した。そういった歴史的経過から、シンガポールやフィリピンでは、今でもかなり有名な人物として記憶に止められている。日本国内よりも、知名度があると言っていいかもしれない。

戦後、山下は戦犯としてフィリピン・マニラで軍事裁判にかけられ、死刑判決を受けた。その後、弁護団は判決を不服として死刑執行差し止めの請願などを行ったが、アメリカ連邦最高裁判所は請願を却下。結局、山下はマニラの地で絞首刑となっている。

シンガポールにある蠟人形館には、山下がイギリス軍司令官アーサー・パーシバル中将に対して、「イエスかノーか」と降伏を迫ったことで有名な会見の様子が、今も展示されている。

●命名の法則

第二次世界大戦中、アメリカ人の将軍が、日本のことをいろいろと調べていた。ある日、将軍は日本研究家を呼びつけ、質問をした。

「日本人は、自分の子どもにどうやって名前を付けるんだ？」

研究家は答えた。

「日本人は、生まれた順番を子どもの名前にします。例えば、最初の子は〈イチロー〉、二番目は〈ジロー〉、三番目が〈サブロー〉、以下、〈シロー〉〈ゴロー〉といった具合です」

「なるほど、それは面白い」

数ヵ月後、将軍は、この戦争について悲観的な気持ちとなった。

『こんなに精力的でパワフルな民族に、我々は本当に勝つことができるのだろうか……』

将軍は、対峙している敵の大将の名前が、

「山本五十六《いそろく》」

であることを知ったのである。

山本五十六

山本五十六は、一八八四年、新潟県長岡市の出身。海軍大学校卒業後、海軍次官を経て、連合艦隊司令長官に就任した。日独伊三国軍事同盟や日米開戦に反対論を唱えていたことでも知られている。

「五十六」という名前の由来はもちろん「五六番目の子」ではなく、「出産時の父親の年齢」からとられた。ちなみに五十六は六男である。

一九四三年四月一八日、五十六の乗った一式陸上攻撃機は、ブーゲンビル島上空で米軍からの不意の攻撃に遭い、あえなく戦死。日本側の通信文が、米軍に傍受されていたためだったと言われている。

五十六の死は、その後、一ヵ月以上も国内では隠され、公となったのは五月二一日の大本営発表によってであった。

五十六についての評価は様々だが、敵であったアメリカ側では高く評価する声もあり、太平洋艦隊司令長官だったチェスター・ニミッツは、「日本で最優秀の司令官」と評していたという。

●最後のジョーク

第二次世界大戦中、アメリカの軍艦が、日本軍に攻撃された。日本の潜水艦から魚雷が発射され、アメリカの軍艦はその迫りくる魚雷を避けることがもはや不可能という状況だった。艦長は士官の一人に言った。

「もうおしまいだ。最後に、兵隊たちのところに行って、ジョークでも言って笑わせてやれ。せめて笑いながら死んでもらおう」

士官は兵隊たちの所へ行き、そして言った。

「私の自慢のアソコでこの船底を叩くと、この軍艦はきっと沈むだろう。信じられるかい？」

そして士官はズボンのチャックをおろし始めた。それを見た兵隊たちは大笑いした。

そしてまさに士官のアソコが船底を叩いたその瞬間、軍艦は大爆発を起こしたのである。

士官は一命をとりとめ、水面に浮かんでいるところを救助ボートに引き揚げられた。

救命ボートには艦長もいた。艦長は士官に聞いた。

「兵隊たちを笑わせることはできたかね？」

「ええ。みんな笑って死んでいきました」

士官はどうやって兵隊たちを笑わせたかを話した。艦長は、

「なるほど」

と言って深く目を閉じた。そして言った。

「君、そのジョークは二度とやらないことだね」

士官が聞いた。

「どうしてですか？」

艦長が言った。

「魚雷はね、外れたんだよ」

●イオウジマからの手紙

「イオウジマ」の戦士が、祖国アメリカから二通の手紙を受け取った。一通は母親から、もう一通は恋人からのものだった。内容はどちらも、

「イオウジマで撮ったあなたの写真を記念に送ってほしい」

というものだった。

彼は悩んだ。写真は一枚しかなく、しかもそれは海岸で素っ裸で撮ったものだったからだ。彼は結局、その一枚を上下の真ん中で切り、上半身が写っているものを恋人へ、下半身が写っているものを母親へと送った。なぜなら、彼の母親は極度の老眼のため「何が写っていてもろくに見えやしない」と思ったからである。

彼からの写真を受け取った母親は、写真を見てこうつぶやいた。

「ああ、かわいい息子よ。かわいそうに、あごひげを剃る時間もないのね。それにしても、あなたはお父さんそっくりになってきたわね。あなたのお父さんも、いつも葉巻きをくわえていたものよ」

歴史認識共有の困難さ

二〇〇七年六月一八日、国土地理院は東京都小笠原村の硫黄島の呼称を「いおうじま」から「いおうとう」に変更した。旧島民からの強い要請に応じた形である。

これに対して敏感に反応したのは、日本ではなくアメリカだった。「日本が歴史を書き換えた」。アメリカFOXテレビは、このような文言を使って名称変更のニュースを報道した。『ニューヨーク・タイムズ』などの新聞各紙もこの話題を取り上げ、退役軍人らを中心に非難の声があがった。

まずは事実関係を整理しよう。最近では映画『硫黄島からの手紙』でも世界的な話題を集めたこの島だが、そもそも、旧島民らは戦前から「いおうとう」と呼んでいた。一九六八年の本土返還後、「いおうとう」と地図では表記された。だが、一九八二年には都の公報に基づき「いおうじま」に修正された。

一方、アメリカでは戦時中から「イオウジマ」と呼んでいた。戦後二〇年以上、この島を占領していた米軍が「イオウジマ」と呼称していたことから、日本でもこの呼び方が広く定着した。

日本側にとっては、自らの領土をあくまでも本来の呼び名に戻した行為に過ぎないが、アメリカにとっての「イオウジマ」は誇るべき戦勝のシンボルである。輝かしい歴史の一ページを勝手に変えるなというわけだ。垣間見えるのはアメリカの傲慢な態度であり、日米両国の間に横たわる歴史認識の深い溝である。

歴史認識とは各国によって大きく異なる。それは自然なことだということをまず前提とした方が良い。戦勝国であるアメリカは、戦後、日本人にアメリカ側の歴史観を一方的に押しつけた。

二〇〇七年七月三日、アメリカのジョゼフ核不拡散担当大使は、国務省での記者会見において、「(原爆投下は)何百万もの日本人の命がさらに犠牲になるかもしれなかった戦争を終わらせた」と発言した。翌四日夜、当時の安倍晋三首相が、「たくさんの被爆者が戦後、後遺症に苦しんできた。原爆投下は許すわけにはいかない」と反論したのは被爆国の首相として当然のことであったが、ジョゼフ氏の発言内容は、アメリカ人の原爆に関する「ごく一般的な見解」である。戦後、アメリカの大統領は、一人として被爆地に花を手向けることすら行っていない。「原爆のおかげで戦争が終わった」という歴史認識だからこそ、その後も世界のあちこちで、大量破壊兵器を平然と使用し続けてきた。

二〇〇六年、私は先の大戦における硫黄島と並ぶ激戦地であったサイパンを訪れた。一九四四年七月、一万人前後もの日本人民間人が身を投げたとされる通称「バンザイ・クリフ」。この岬にまで島で暮らしていた多くの民間人たちは、米軍の上陸部隊の攻撃を避けながら、この岬にまで追い詰められた。多くの母親たちが、我が子を抱いて泪《なみだ》と共に断崖から飛び降りた。

現在、この地には平和を願う多くの仏塔や石碑が立ち並んでいる。南国の風のそよぎの合間に、彼ら彼女らの絶叫が聞こえてきそうなその地を前にして、訪れた日本人たちは皆、静かに手を合わせ、目を瞑っていた。

しかし、喧《やかま》しい喚声がすぐに静寂を打ち破った。その同じ場所において、中国人や韓国人のツアー客らが、バカ騒ぎをしながらVサインで記念撮影を繰り返していたのである。そんな光景を見ていた一人の日本人の中年女性は、

「絶対に許せない」

と一言、漏らした。平和を祈るべき場所は、新たな憎悪を生む場所に成り下がってしまっ

ていた。

もう一度言おう。歴史認識など決して共有できるはずがない。

●歴史の授業　その二

アメリカの小学校で歴史の授業が行われていた。先生が生徒に言った。

「世界的に有名なセリフを今から私が言います。誰が、いつ言ったセリフなのか、答えてください。正解した人からおうちに帰ってよろしい」

先生がまず言った。

「『私たちは海で戦う』。これは誰のセリフですか？」

キム君が手を挙げて答えた。

「ウィンストン・チャーチル。一九四二年です」

先生は嬉しそうに言った。

「正解です。では帰っていいですよ」

「いえ、僕は医者になりたいんです。そのためにもっと勉強したいので教室に残ります」

先生は頷いて、次の問題を出した。

「では『私は必ず戻ってくる』。これは誰のセリフですか？」

今度はホンダ君が手を挙げて答えた。

「ダグラス・マッカーサー。一九四二年です」

先生は嬉しそうに言った。

「その通り。では帰っていいですよ」

「いえ、僕は弁護士になりたいんです。そのためにもっと勉強したいので教室に残ります」

するとと教室の片隅でジョニーが言った。

「血に塗れたアジア人め」

先生が驚いて叫んだ。

「誰ですか！　そんなことを言ったのは！」

ジョニーが言った。

「ポーリン・ハンソン。一九六六年」

マッカーサー
チャーチル

ポーリン・ハンソン

これは一一九ページで紹介したジョークの別バージョン。このように、ジョークにはスキームが同じでも、そこに当てはめる事柄や人物を入れ替えて、別の笑いに転化させたものが少なくない。

ポーリン・ハンソンは、オーストラリアの女性議員。

「アボリジニはこの国で最も優遇されていて不公平」

「このままではこの国はアジア人に飲み込まれてしまう。これ以上のアジア化を防ぐべきである」

といった極右的な言論でたびたび物議を醸し、有名となった。オーストラリアには「ポーリン・ハンソン・ジョーク」というカテゴリーも存在し、「ハンソンニズム」「ハンソンニスト」といった造語まで飛び出している。

「オーストラリア人だけの国にしたい」といった彼女の言動は、オーストラリア国内においても多くの批判を受けているが、当然であろう。

先のジョークで「ホンダ君」が答えた「私は必ず戻ってくる（I shall return.）」は、日本軍のフィリピン侵攻により、脱出を余儀なくされたダグラス・マッカーサーが口にした言葉。

対日戦争の中での有名なフレーズとして、今もアメリカ人の間でよく知られている。

●叫び

ナチス党員の叫び。

「ハイル、ヒットラー」

日本軍人の叫び。

「ハイル、ヒロヒットラー」

日本はナチスドイツと同類？

先のジョークは、昭和天皇（裕仁《ひろひと》）をもじった言わばダジャレで欧米発。同盟国側だったドイツと日本を関連づけた構図となっている。ジョークの出来としても大したことはないのだが、世界にはこういうジョーク（ダジャレ）も存在しているという事実を紹介するために、あえて収録した。

ジョークに一々、反論をしても詮無いのだが、一応、日本国籍を持つ物書きの端くれとして全く無視することもできないので、簡単に異議を付しておこう。

ナチスドイツは、一民族の抹殺計画を国の政策として実行した。ユダヤ人と戦争をしたわけではない。

一方の日本は、相手国と利害がぶつかる中で「戦争」という選択肢を選んだのであり、特に対米英戦争については、国際的な経済封鎖でがんじがらめにされるという「相互性」があった。日中戦争に到る経過については、一定度の侵略性が認められると思うが、それにしても他の先進諸国が有してきた侵略性と比較して、日本のみが異様に肥大化していたわけでもなく、ましてや、日本の行為はナチスのような民族抹殺計画とは別分野の話である。日本は当時、中国人に対する絶滅計画など想定していない。

さらに、独裁者ヒットラーと比べ、昭和天皇は当時の権力の多極化構造の元、国務大臣や大本営政府連絡会議の決定の後にその権力を発動したのみであり、直接的に自らの権力を行使したのは、終戦の決定だけであったと言っていい。日本とドイツでは、国の仕組みも大きく異なっていた。

ところが、こうした議論は、欧米ではあまりに声が小さく、「ナチスと同盟を組んだ」というただ一点の文脈のみで、同列に並べられてしまうことが多い。

その一方、ドイツ人から、「前回はお互い頑張ったが、負けたのはイタリアなんかを仲間に入れたからさ」といったようなジョーク混じりの言葉を言われることも時々ある。

もちろん、こういった歴史観をモチーフにしたジョークは、非常にセンシティブなものなので、披露する場面や場所には十分に注意が払われている。

スポーツの話と戦争の話題

「みやがた・れお」という名前を知っているだろうか。スペインはバルセロナにおいて、一時期、最も有名だった日本人少年の名前である。

事の発端は、二〇〇六年一二月に日本で開催されたクラブ・ワールドカップに遡る。ヨーロッパ代表のFCバルセロナは、決勝戦で惜しくも敗戦。翌日、スペインの地元紙である『ムンド・デポルティボ』の一面トップに掲載されたのが、バルセロナファンの一人の日本人少年が泣きじゃくる写真であった。この写真が読者の間で話題となり、地元メディアを大いに賑わせた。

二〇〇七年四月二八日、「号泣少年」は、再び地元紙の一面を飾った。少年が当地で行われるFCバルセロナの試合に招待され、母親とともに現地入りしたからである。

少年は、クラブの施設内で選手たちと対面。世界的スター選手、ロナウジーニョとも熱い抱擁をかわした。さらに、バルセロナのイムノ（チームソング）を、憧れの選手の前で披露した。

地元メディアは、こぞってこの来訪を大きく報じた。『ムンド・デポルティボ』『スポルト』紙では、一面トップでその日本人少年の写真を掲載。両紙共に二ページを割いて特集記事を掲載した。さらに、少年は地元テレビ局の『ＴＶ３』の番組にも出演するなど、地元メディアは「時の人」の登場に湧いた。

サッカーは世界の共通語だとよく言うが、本当にその通りだと思う。かつて、イラクで出会ったイラク人少年たちは「ナカタ」や「イナモト」といった名前をよく知っていた。北アフリカのチュニジアで仲良くなった青年は、「オノ」が好きだと嬉しそうに話していた。サッカーの魅力は、国境や民族の違いを、いとも簡単に乗り越える。

以前、クロアチアを取材旅行している際に、アメリカ人、ドイツ人、ポーランド人と私の四人で夕食を共にしたことがあった。そこはアドリア海を望むスプリットという名の美しい港町で、私たちは海岸沿いのオープンデッキのレストランで地の産のシーフードを満喫したのだった。

新鮮な海の幸に舌鼓を打ちながらの会話は、初めは自己紹介など他愛のないものであったが、やがて戦争の話題になった。一九九一年から始まったクロアチア独立戦争では、クロアチア側だけでも一万人以上とも言われる犠牲者が出た。スプリットの町にも所々に銃痕が残っていた。そんな話の延長で、第二次世界大戦の話へと繋がっていったのである。

私たちの話は終始、嚙み合わなかった。歴史認識の違いは大きかった。アメリカ人はパール・ハーバーを持ち出し、私は原爆や東京大空襲の非人道性を語った。ポーランド人はナチスを批判し、ドイツ人はそれに一定の納得は示しながらも、「しかし私たちの世代はナチスとは関係ない」と突っぱねる場面もあった。

そんな会話は、議論として決してレベルの高いものとも言えず、互いに居心地の悪いディナーが続いた。しかし、食事も終わってデザートでも食べようかとなった頃、話題が不意に「サッカー」へと転じたのである。

そこからは、それまでの雰囲気が嘘のように、場は盛り上がった。それぞれがサッカーに対する情熱と私見を披露し、頷き合ったり、笑い合ったりした。しばしば熱くなり過ぎる場面もあったが、テーブルには四つの笑顔の花が終始、咲いていた。

テーブルの上の皿がすべて空になった時、ポーランド人が漆黒に染まるアドリア海を薄目で眺めながら呟くように言った。

「アメリカ人、日本人、ドイツ人、ポーランド人。あの戦争から五〇年以上経って、僕らがこうして楽しくサッカーの話ができるってことは、これは考えてみれば奇跡のようにすばらしいことだね」

世界に最も必要なのは、「共通の楽しい話題」なのかもしれない。

第五章　スポーツと食は国境を越える

【野球】

日本の首相よりもマツザカ

近年、アメリカを最も賑わした日本人は「アベ」でも「フクダ」でも「アソウ」でもなく、「マツザカ」であった。日本人メジャーリーガーの活躍や、二〇〇六年に行われたＷＢＣ（ワールド・ベースボール・クラシック）での優勝のイメージから、最近では日本と言えば「野球」という新たなイメージが、アメリカでは強くなっている。

アメリカで「知っている日本人」を集計すると、ほとんどのアンケートで、「イチロー」が一位になる。そんな中で登場した新たなスター候補・松坂大輔への注目は、入団時から全米で大きな盛り上がりを見せた。

二〇〇八年には一八勝三敗という好成績を上げ、松坂の知名度はアメリカですっかり定着したものとなっている。

●ボストンの買い物

アメリカ人の会話。
ボストン出身者　「マッザカは随分と高い買い物だったがね、僕らは大いに期待しているんだ」
ニューヨーカー　「さぞ豪華な日本製のドアマットなんだろうね」

「D-mat」or「DICE-K」？

二〇〇七年にボストン・レッドソックスに入団した松坂大輔は、全米で大きな話題となった。米全国紙『USAトゥデー』（電子版）は二〇〇七年二月二七日、「注目の新人」と題した記事を掲載。その中で、松坂は二〇人中堂々の一位に選ばれた。

破格の契約金から、その一挙手一投足まで、全米のメディアは連日のように報道を繰り返した。

そこで沸き上がったのが「ニックネーム論争」。「マツザカ」という言葉は、多くのアメリカ人にとって、なかなか発音しづらいらしい。また、メジャーリーグの多くの人気選手がニックネームで呼ばれていることから、この話題に火がついた。二大地元紙である『ボストン・ヘラルド』『ボストン・グローブ』両紙が、松坂の愛称を一般公募したところ、実に六

○○以上もの候補が寄せられたという。

その有力候補の一つとして挙がったのが「D-mat」。「ダイスケ」の「D」と「マッザカ」を略した「mat」を組み合わせた言葉である。これはニューヨーク・ヤンキースのアレックス・ロドリゲスが、「A-rod」とあだ名されているのと同じ構図である。

しかし、これには反論も噴出。『デトロイト・フリープレス』紙は「D-matにはもっと良いあだ名が必要」との記事を掲載し、「マツザカは日本の宝、世界で最も優秀な投手の一人なのに、ドアマットみたいなあだ名はよくない」とした。「D-mat」では「door mat（玄関マット）」のようだというのである。

もう一つのニックネーム候補に、「DICE-K」がある。これは「dice（さいころ）」と、三振を意味する「K」を合わせたもので、もちろん名前の「ダイスケ」とかけている。この「dice」には、破格の金額での入団を「ギャンブル」とする意味合いもなくはない。現在では、こちらの「DICE-K」の方が、ファンの間で親しまれている。

ちなみに、シアトル・マリナーズの城島健司は、「ジョー」という愛称でファンに親しまれているが、名字と名前をそのままの順番で「ジョージマ（ッ）ケンジー」とフルネームで呼ぶ言い方もある。「ジョージ・マッケンジー」と欧米風の名前に聞こえるのが面白いらしく、シアトルではしばしばジョークとして楽しまれているようだ。

●日本人プレイヤーの特徴

近年、メジャーリーグでプレーする日本人選手が非常に増えた。彼らの一〇の特徴。

十、投手はトヨタのエンジニアのように手先が器用でコントロールが良い。
九、アメリカの球場が「トウキョウ・スタジアム」より大きいのに驚く。
八、ニンジャのように足が速く、守備がうまい。
七、ベンチ裏ではキモノを着て、風呂場を探している。
六、ベンチ裏でスシを食べながら、「バットコントロールが巧みなのは、小さい時から箸を使っているためだ」とチームメイトに力説している。
五、チームメイトに日本のマンガを貸している。
四、ロッカールームに、バットと日本刀を並べて置いている。
三、乱闘の際には、片隅でスモウをとっている。
二、アメリカにゲイシャがいないことを寂しく思っている。

一、いつまでたってもホームパーティを開かないので、チームメイトが寂しく思っている。

マツザカとグローバリズム

鳴物入りで入団した松坂だが、キャンプインしてからは、その調整方法に注目が集まった。日本とアメリカではピッチャーの調整の仕方が全く異なる。日本では投げ込みを重ねて肩を仕上げていくが、「肩は消耗品」という意識の強いアメリカでは、一日に何百球も投げ込む「日本流」のやり方は忌避される。

二〇〇七年二月二二日（日本時間二三日）、松坂はキャンプで三度目のブルペンに入り、メジャーでは異例の投球数となる一〇三球を投げ込んだ。この松坂の投げ込みには「首脳陣やチームメイト、地元記者らも驚きの表情」（『サンケイスポーツ』二月二四日付）だったという。松坂は、日本では過去、一日に三〇〇球を超える投げ込みを行ったこともある。

このような松坂の「マイペース調整」は、コーチと話し合いの機会を持ち、認められた上で行われた。一方、松坂が日本で行っていた「打撃練習により身体のキレを整えていく」という独特の方法は、首脳陣の判断によりストップがかけられた。

「グローバリズム」という言葉が広く流布するようになってすでに久しい。言葉の本来の意味からすれば「地球主義」ということになるだろうが、その実態には複雑怪奇なインチキ臭さが漂う。

自国のチャンピオンチームを決めるシリーズを「ワールドシリーズ」と呼ぶ国アメリカにおいて、メジャー流の調整方法こそ「グローバルスタンダード」。実際、これまでに渡米した日本人選手の多くも、その日本とは異なる方法論に戸惑う場面が少なくなかった。

そんな中で、松坂は自分の核となる部分は譲らなかった。自分のやり方に絶対的な自信があるのだろう。信念を通すために話し合いの場を設け、折れるところは折れながらも、互いが納得のいった上で自己流の部分を通したのである。こういった両者の態度こそが、健全な国際感覚ではないだろうか。「郷に入《い》っては郷に従え」と言うが、従うべきところと必ずしも従う必要のないところを、ケースに応じて見極めるセンスが求められる時代である。

グローバリズムが、グローバルスタンダードという言葉を隠れ蓑にした「アメリカンスタンダード」であるなら、そこに概念としての魅力はない。グローバリズムとは、地球を単一色に塗り固める作業ではないはずだ。個々の色が独立しながら輝き、一つの調和美を完成させるのが本当のグローバリズムのはずである。

松坂のように、真にグローバルな視点を持っている人は、この辺りのことを皮膚感覚として理解している。しかし、グローバルな視点がない人は、アメリカの言うグローバル化に騙されるのである。

●発音

問い・シカゴの地元放送局のアナウンサーが相次いで辞職していった。それはなぜか?

答え・新たにシカゴ・カブスに入団した日本人外野手の名前を、どうしても言えなかったため。

発音が難しい「フクドメ」

「シカゴ・カブスに入団した日本人外野手」とは、元・中日ドラゴンズの福留孝介のこと。シカゴ・カブスに移籍した二〇〇八年、開幕からチームの主力選手として旋風を巻き起こしたが、敵チームのスタジアムでは、一流選手の証しでもある「ヤジ」が厳しく浴びせられた。「Fukudome」の「Fuku」という発音は、英語で最も下劣な卑語とされる「fuck」を連想させる。このようなヤジが飛ぶことは決して多いわけではないが、どこの国でも、どこの球場でも、下品な観客というのはいるものである。

日本の言葉が、外国では違和感を持って聞こえてしまうという例は、先の「フクドメ」もそうだが、他にも結構ある。「日本の顔」である麻生太郎首相の「アソウ」という名字は、英語圏では「ass hole（尻の穴）」を連想させる場合もある。

逆のケースも数多くある。プロ野球界で言えば、一九六二年に大毎オリオンズに入団したフランク・マンコビッチは、登録名が「マニー」に変更となった。また、一九八七年に横浜大洋ホエールズに入団したシクスト・レズカノは「レスカーノ」という登録名となった。いずれも、細かな説明は割愛しておこう。

その他、「放送コード」が気になる外国人名としては、ロジャー・コーマン（アメリカ、映画監督）、ジャン・チンチン（中国、女優）、ボブ・オーチンコ（アメリカ、元大リーグ投手）、フランコ・ウンチーニ（イタリア、バイク・レーサー）など、枚挙にいとまがない。

また、人名ではないが、タイでは美しい女性に日本語で「キレイ」と言ってはいけない。タイ語で「キレイ」は「ブス」という意味となる。

【食文化】

●日本式ダイエット
日本式ダイエット方法。
その一……食べたいものはすべて注文する。
その二……ただし、ハシは一本しか使ってはいけない。

箸とフォーク

箸は日本だけでなく、東アジア一帯で見られる道具と言えるが、欧米圏では箸というと中華と並んで和食のイメージが強い。元々の起源は、約五〇〇〇年前の中国で、煮えたぎった鍋から食べ物を取り出すために、二本の枝を使ったのが最初だと言われている。

フォークを使う欧米人が、まれに箸を指して、「あまり文明的でない」といった文脈で語ることがある。しかし、私はそういった言説に触れた際には、ジョークまじりにこう返している。

「フォークも箸も、元々は五本の指で食べていたのを、指を道具化して生まれたものである。ならば、四本指のフォークよりも、二本にまで簡素化させた箸の方が、より進歩的ではないか」

さらに、「突き刺して口に運ぶ」よりも「挟む」方がより文明的であるとも感じるが、どうだろう（ただ、欧米人の一部は、箸は「突き刺して」使うものだと思っている）。

大抵の人は、こんな話をすると笑顔で、「確かにそうだね」となる。互いの文化の違いを笑い合いながら話せることは、人間にとって大切な知的作業の一つであろう。

●主食

アメリカ人のジョンが、日本でホームステイを始めた。ジョンは、和食レストランではない、普通の日本食に興味津々だった。朝食の時、ジョンはホストファミリーにいくつか質問をした。

「ミソスープは、何からできているのですか？」

「これがナットウですか。何ですかこれは？」

「トウフですね。これはどうやってつくるのですか？」

「ショウユの原材料は何ですか？」

「オカラというんですか、これは。何からできていますか？」

ホストファミリーの答えを聞いていたジョンは、メモ帳にこう書き記した。

「日本人の主食は大豆である」

スシ・ボールという魔球

二〇〇七年にピッツバーグ・パイレーツに入団した桑田真澄は「オールド・ルーキー」として話題となった。

洋の東西を問わず、野球ファンは「魔球」という話題を好む。松坂入団の際には「ジャイロボール」が全米の注目を集めた。

「sushi ball（スシ・ボール）」。桑田の投げるカーブに名付けられた名前である。桑田独特のドロンと落ちながら曲がるカーブは「レインボール」などとも呼ばれるが、パイレーツの地元紙『ピッツバーグ・ポスト・ガゼット』（電子版）は同年六月二六日付のスポーツ面のトップで、桑田の「魔球」を取り上げた。

記事の脇には、のり巻きの具としてボールが挟まっているイラストも掲載された。「のりに巻かれて中身がわからないスシのように、桑田のカーブは打者に対して予測が不可能」という説明がなされている。

思えばサッカー元日本代表の高原直泰《なおひろ》も、かつてドイツに渡った際に冠せられたニックネームが「スシ・ボンバー」。日本と言えば「スシ」しかイメージがないのか。苦笑と共に、そんな一抹の寂しさを感じるのも自然な感情であろう。中には、「日本という国の存在感が薄い証拠だ」などと大袈裟に眉をしかめる御仁もいるかもしれない。

だが、国のイメージというのは、どこの国でも案外そんなものだろうという気もする。韓国人の知人の一人は、「ほとんどの日本人はまず『キムチ美味しいよね』といった話をふってくる。別に悪くはないけど……」とこぼしていた。また、ブルガリアを訪問した際に現地の人に、「ブルガリアと聞いて日本人は何を思い浮かべる?」と聞かれたので、素直に、「ヨーグルト」と答え、さらに、ほぼ一〇〇パーセントの日本人がそう連想するだろうという旨を伝えたが、その時のブルガリア人の驚いた表情は忘れられない。ブルガリアは確かに世界有数のヨーグルト生産国であり消費国であるが、それは周囲のトルコやルーマニアも同様で、ブルガリアだけが突出した名産地というわけでもない。それが、一企業の商品により、日本人にとっては「ブルガリアと言えばヨーグルト」となっていると聞いたのだから、ブルガリア人が驚くのも無理はないのである。

また、日本での生活が長いあるインド人も、「結局、日本人はインドといったらカレーしか知らないでしょう」と半ば冗談混じりながらも嘆いていた。ドイツと聞いてまずビールやソーセージを思い浮かべる人も少なくないと思う。

「スシ・ボール」も「スシ・ボンバー」も、それだけ日本食が親しまれ、好まれている証拠である。確かに違和感もあるが、他国に関するイメージの第一歩に「食」がくることは、人間という食い意地の張った生き物が元来持つ性《さが》の一つなのではないだろうか。ヒトが外国に対して最も興味をそそられるのは、結局、食文化なのかもしれない。

「スシ・ボール」も笑って受け流そう。少なくとも、世界中で「食事がまずい」と笑われているイギリスよりも、ずっといいではないか。

●ミソ・スープ

ルーマニアのブカレスト。とある日本食レストランでミソ・スープを注文した客が、怒った様子で店員を呼びつけた。

「このスープの中に、ネジが一本、入っているじゃないか！　これはいったいどういうわけだ！」

　すると店員は答えた。

「いくらお金持ちの国のスープだからって、三ユーロのスープにパソコンが入っているわけがないじゃないですか」

ミスター・ヌードルの功績を讃える

二〇〇七年一月九日、米紙『ニューヨーク・タイムズ』は、一人の日本人の死去を大々的に報じた。その人の名は安藤百福《ももふく》。日本人でもピンとこない人の方が多いかもしれない。記事は、一外国人の訃報を伝えるものとしては異例の大きな扱いで、九六歳で逝った同氏を追悼した。タイトルには「ミスター・ヌードル」の文字が並んだ。

安藤百福は、日清食品の創業者。同社が開発した即席ラーメンは現在、「世界中の一億人が毎日食べ、二〇〇六年にはカップヌードルは二五〇億食に達した」（同紙）と言う。さらに、同紙は「人類の進歩のパンテオン（古代ローマの神々を祭った神殿）に永遠の場所を占めた」と賛辞を送った。

一九一〇年、日本統治下の台湾に生まれた安藤は、二二歳の時に繊維会社を設立。戦後は食品事業に業務を拡大していった。一九四八年、中交総社（後、サンシー殖産。現在の日清食品）を立ち上げる。

一九五八年、後の同社の代名詞となる「チキンラーメン」の商品化に成功。世界で初となる即席麵の誕生である。これは安藤自ら、自宅の庭に建てた小屋で研究を重ねた賜物であった。

現在、即席麵は、世界の隅々にまで流通している。私も海外で時々、懐かしい味を求めてお世話になっている。どんな国でもマーケットを覗けば、容易に見つけることができるのだ。「世界中の一億人が毎日食べている」とすれば、それは世界の食文化における劇的な消費革命である。

ちなみに、安藤は生涯を通じて、毎日一回、チキンラーメンを欠かさずに食べ続けていたという。

日本人を「物真似民族」として揶揄する言い方がある。しかし、実際には日本人の独創から生まれ、今では世界中を席巻している商品というのは、「即席麺」以外にも多数ある。「コンパクトディスク」や「カラオケ」といった比較的よく知られているものから、「乾電池」「胃カメラ」「眼鏡の鼻パッド」「ネガ式の写真」「シャープペンシル」「種なし葡萄」「インスタントコーヒー」「オセロ」といったちょっと意外なものまで、挙げ出せばキリがない。

アニメやマンガといった日本のソフトパワーは、世界各地で最大級の評価を獲得し続けているが、「ジャパニーズ・クール」を成立させているのは、日本人のユニークな独創性に他ならない。安藤百福が最も大切にしていたのも、まさに「他の追随を許さない独創性」であった。

自らの特長というのは、自分ではなかなかわからないもので、他人から言われて、「そうなの？」と気づかされることが少なくない。それは民族レベルでも言えることで、日本人は特に自らの民族的な長所への自覚があまりに薄いのではないだろうか。

確かに日本人の持つメンタリティとして、みだりに偉ぶらないことを美徳として尊ぶという要素があることも理解できる。また、自虐という言葉が必ずしも正しいとは思わないが、日本人がそういった一面を色濃く有していることも否定できない。日本人は実は自虐が嫌いではない。自民族を厳しく批評し、時には自らを卑下し、自嘲するような態度を外に見せることが好きな民族性なのだ。そういった民族的性質は、世界的にはロシア人やドイツ人と比較的近似しているように感じる。

真逆に位置するのはアメリカ人やイタリア人であろう。

●大食い選手権

大食い選手権で、日本人の「コバヤシ」が、新記録に挑もうとしていた。それは、牛をまるまる一頭、時間内に食べてしまうという企画だった。前人未到の偉大な記録へのチャレンジである。

コバヤシは、いつものものすごいスピードで食べ始めた。

しかし、八割ほど食べたところで、コバヤシのペースは落ち始め、とうとうギブアップとなってしまった。周囲の応援者たちは落胆した。

司会者がコバヤシに聞いた。
「さすがのあなたでも、牛一頭というのはさすがに無理でしたね」
するとコバヤシが答えた。
「おかしいな。さっき楽屋ではうまくいったのに」

アメリカで有名な日本人フードファイター

先のジョークに登場した「コバヤシ」とは、アメリカで行われている「ホットドッグ早食い選手権」で前人未到の六連覇を達成したフードファイター、小林尊《たける》のこと。日本ではそんなに知名度は高くないが、実はアメリカにおいては非常に有名な日本人の一人だ。

二〇〇八年、元ロッテの小林雅英《まさひで》が、大リーグのクリーブランド・インディアンスに入団した時、現地では次のように報道されることが多かった。

「ホットドッグを食べる人ではないコバヤシ」

アメリカで「コバヤシ」は、かなりの知名度を誇っている。

毎年、独立記念日の七月四日に、ニューヨークのコニーアイランドで行われる「ホットドッグ早食い選手権」。「早食い大会」と聞いて軽視することなかれ、その模様は全米ネットのテレビニュースで繰り返し報じられる「国民的イベント」だ。さらに、番組はアメリカを飛び出し、世界各地でも放送されている。私は二〇〇二年にルーマニアで暮らしていた頃に、当地のテレビで初めて彼のことを知った。その当時から「コバヤシ」は世界的に活躍していたのである。アメリカでは複数のテレビCMにも出演している。

二〇〇七年大会では、顎関節症を抱えながらも懸命に戦った（?）が、優勝者にわずかに及ばず、惜しくも七連覇を逃した。「あのコバヤシが敗《ま》けた」というニュースは、全米中にビッグニュースとして伝えられた。

そして迎えた二〇〇八年大会、小林と前年度優勝者との間で行われた決勝戦は、延長戦にまでもつれた上、小林の惜敗。準優勝に終わった。

ちなみに、小林は現在、国際大食い競技連盟（ＩＦＯＣＥ）の世界ランク三位らしい（二〇〇七年一〇月三一日時点）。私たち日本人は、世界的なランキングと言えば、サッカーのＦＩＦＡランキングくらいしか知らないが、世界にはいろいろなランキングがあるものだ。

ちなみに、彼のニックネームは「ザ・ツナミ」である。

第六章　日本人のカタチ

【人の目を気にする】

「物真似」気質

日本人を「モノづくりが巧み」と讃える一方、「物真似の上手い民族」として描くジョークも少なくない。

次に紹介するジョークでは、高い技術力を持っているにもかかわらず、融通が効かず、間の抜けた結果を招く日本人の姿が皮肉られている。

●風防実験

ある時、アメリカの技術者グループが、旅客機の強度を調べるための最新の特殊装置を開発した。

これは、しばしば発生する鳥との衝突事故に対するもので、死んだ鶏を高速で旅客機に向けて発射し、機体の強度が十分かどうか試験するためのものだった。

この発射装置のことを耳にした日本の技術者たちが、ぜひそれを使ってみたいと申し出た。最近開発した高速列車のフロントガラスの強度を試験したいというのである。

数日後、装置がトウキョウへと送られてきた。日本人技術者たちは、さっそく実験に取りかかった。彼らは自分たちが開発した高速列車の強度に、絶対の自信を持っていた。スイッチを押すと、鶏が勢い良く撃ち出された。すると、鶏は列車のフロントガラスを粉々に打ち破り、制御盤を突き抜け、運転席の背もたれを真っ二つに割り、後部の壁に頭から突き刺さったのである。日本人技術者たちは、あまりの光景に声を失った。

日本人技術者たちは、アメリカの技術者グループに対し、抗議として実験結果を示す写真を何枚も送った。そして、発射装置のパワーが正規値からかけ離れている点、つまり「パワーが強過ぎるのではないか」というアメリカ側のミスを追及する意見書を添えた。

それに対するアメリカ側からの返事はたった一行だった。

「チキンを解凍してから御使用ください」

●脱出方法

イギリス人と日本人とアメリカ人がテロリストに拘束された。三人はなんとか逃げ出そうと知恵を振り絞った。

イギリス人が言った。

「地震だ！」

テロリストがパニックになっている間に、彼は逃げ出すことに成功した。

それを見た日本人が、イギリス人のやり方を真似た。

「ツナミだ！」

テロリストがパニックになっている間に、彼は逃げ出すことに成功した。

最後にアメリカ人が叫んだ。

「火事だ！」

その瞬間、彼はテロリストに撃たれた。なぜなら、アメリカ人は、

「ファイヤー！（撃て！）」

と叫んだのである。

日本人の日本人論好き？

「ツナミ」はすでに世界共通語。二〇〇五年、オーストラリア映画『ボンダイ・ツナミ』は、

オーストラリア国内で大ヒットを記録し、日本人サーファーたちのクールな生き方が評判となった。

二〇〇八年、アメリカ発の金融危機に関して、グリーンスパン前ＦＲＢ議長は米議会で、「我々は世紀に一回のツナミのまっただ中にいる」と話した。「ツナミ」にもいろいろな使い方があるようだ。

先のジョークでは、日本人がイギリス人を「真似る」が、日本人は他人の行動を「気にする」民族と言われる。最近では「ＫＹ」といった言葉も流行したが、周囲の空気や動きを「読んで」自分の行動の規範とするのは、日本人の一つの民族的な特徴と言えるのかもしれない。アメリカ人やイタリア人、中国人などと比べたら、日本人は世界有数の「空気の読める」民族だと思う。

「日本人の日本人論好き」も、その延長線上に位置するのだろう。他国から日本はどう見られているか。書店に行けば、日本人論をテーマとした書籍が所狭しと並べられている。

しかし、自国に対する議論が好きなのは、何も日本人だけではない。

「日本人ほど海外からの眼を気にする民族はいない。それは島国根性からくるものである」といった議論もしばしば耳にするが、果たして本当にそうなのだろうか。どこの国の人だって、自分の国が世界からどう思われているのか、気にするものだ。そんな意識は、多少の程度の差はあったとしてもほぼ同じではないか。以前、ルーマニアで暮らしていた時、よくこう聞かれた。

「日本で知られているルーマニア人って誰？」

こんなことも言われたことがある。

「どうせ日本人は、ルーマニア人なんて、みんなドラキュラの子孫とでも思っているんだろう？」

ユーゴスラヴィアでも、バルト三国でも、イラクやシリアといった中東でも、北アフリカに行っても、すぐに話題となるのは、「我が国の人物で日本人が知っているのは？」ということであった。つまり、どこの国の人々も、世界で自国がどう見られているのか、どう知られているのか、興味があるのである。それはいたって健全なことであって、「日本人の日本人論好き」というテーマを、安易に「日本人の自信の無さの表れ」といった文脈に繋げる必然性は薄いように思う。個人レベルにおいても、「自分が他人からどう見られているか」を会社や学校である程度、気にするのは、当然のことだ。もちろん、そればかり気にしているのは、それはそれで問題なのかもしれないが。

●見栄

ある日本のコンドームメーカーが見栄を張って、アメリカの会社に次のような発注をした。

「発注……直径八センチ、長さ三〇センチのコンドーム」

数ヵ月後、アメリカから製品が届いた。そのパッケージにはこう書かれていた。

「Sサイズ」

世界に最も好影響を与えている国

評論家の竹村健一氏と、ラジオの番組でこんな話題について議論したことがある。

「国際社会の日本に対する眼は、日本人が自分たちで思っている以上にずっと良い。そのことを日本人は、もっと知っていていい」。

それを裏付けるようなある集計結果が発表された。英BBC放送と米メリーランド大学が、世界二七ヵ国の約二万八〇〇〇人を対象に行った世論調査で、「世界に最も好影響を与えている国」を聞いたところ、日本はカナダと並ぶ五四パーセントの回答を得て、堂々のトップだったのである。以下、ＥＵ（五三パーセント）、フランス（五〇パーセント）といった答えが続いた。

一方、「悪影響」との評価が多かったのは、イスラエル（五六パーセント）、イラン（五四パーセント）、アメリカ（五一パーセント）、北朝鮮（四八パーセント）の順であった。

日本のマスコミほど日本叩きが好きなものはいない。戦後、日本を覆った悪しき左翼思想の残骸である。

「日本が世界から孤立する」「アジア各地で日本バッシングが起きている」といった誤った情報を読者に喚起させるような紙面づくりは、厳しく批判されるべきだ。実際には、国をまとめる軸として「反日」を利用している「御近所さん」の数ヵ国を除き、世界は概ね親日的と言っていい。そのことは先に引用した世論調査でも実証されているし、私がこれまで取材してきた五〇ヵ国近くでの体験を通じて得た実感とも通じる。

私が二年間ほど暮らしていたルーマニアでは、日本人と言えば「優秀」「頭がいい」というイメージが強く、しばしば、「クルマを修理してほしい」「パソコンを直してくれないか」などと頼まれたものである。

「日本は資源の少ない国だが、努力と勤勉さによって世界で二番目に豊かな国となった」

こんな言葉を外国人の口から聞くことは珍しくない。逆に、日本人が自らの口でこう言っているのを、私はあまり聞いたことがない。

もちろん、「自慢主義」に陥る必要はないが、「自虐主義」もほどほどにしないと、将来ある子どもたちは自分の国に嫌悪感を抱くのみである。ジャーナリズムは叩くべきところを叩けばその機能は十分に果たすはずなのだが、何でもかんでも叩こうとするのは、些《いささ》かいびつであろう。

近年、国内メディアにおいて、日本人論が大きなテーマとして扱われているが、自分たち日本人がこれまでに描いていた「自画像」と、世界の人たちが指摘する日本の「肖像画」に大きな齟齬があると気づいたことが「日本再発見ブーム」の理由の一つであろう。世界はやけに「ジャパニーズ・クール」だの「日本ブーム」だのと口にする。それが日本人にはちょっと意外だし、「こそばゆい」。そして思う。「では彼ら外国人が賞賛する日本文化とは何ぞや」。『日本人のしきたり』（青春出版社）といった本が売れた土壌には、こういった潮流があるのだろう。真面目な日本人は、「こそばゆさ」をそのまま放置しておけない。

このような社会の雰囲気を、また一部の知識人は「それ危険だ」とばかりに「ナショナリズムの再興」などと安易にうそぶく。しかし、それはいくら何でも「羹《あつもの》に懲りて膾《なます》を吹く」

だ。

「ジャーナリズムは権力の監視人」とは確かにその通り。しかし、日本のメディアが自らをそう語る時、何か冷静さを欠いた「しらじらしさ」を感じるのは、私だけではないはずである。ジャーナリズムに求められるのは、的確な批判力であって、単なる批判屋としての存在ではない。難しいことではあるが、世に鋭く警鐘を鳴らすことと、無闇に不安を掻き立てることとは、まったく違うのである。

【優秀】

●脳の値段

人間の脳が売られている市場があった。ある男が店員に聞いた。

「この脳は一〇〇〇ドルか。誰の脳だい？」

店員が答えた。

「これはドイツ人の脳です。優秀ですよ」

男は続けて聞いた。

「ではこの脳は？　二〇〇〇ドルもするけど？」

店員が答えた。

「これは日本人の脳です。最高の品質ですよ」

男はその隣に置いてあった脳を指差して聞いた。

「しかしこの脳の方が高いじゃないか。五〇〇〇ドルだって？　いったいどんな優れた脳なんだ？」

店員が答えた。

「これはポーランド人のですよ」

男が驚いて聞いた。

「ポーランド人の脳が、どうしてそんなに高いんだ？」

店員は言った。

「ほとんど使っていない新品同然ですからね」

●日本人ドクター

一人の男がある時、男性器に異常を感じた。かわいそうに、その男のアソコは、日に日に色がどす黒く変色し、痛みも強くなっていった。男は街の病院へ行ったが、医者はこう言った。

「切断するしかないですね」

男は大きなショックを受けた。そしてなんとか他の方法はないかと、別の病院を回ったりした。彼は名医と名高い医者のもとを巡ったが、医者たちは一様に、

「切断するしかありません」

と言うのだった。

絶望に暮れていた彼だが、ある時、非常に優秀な日本人の医者の噂を聞いた。最新式の機器を持ち、さらに東洋の不思議な術をもって、どんな患者でも劇的に回復させるというのだ。彼はさっそく、その日本人の医者を訪ねた。そんな間にも、彼の症状はさらに悪化していた。

一通りの診察が終わった後、彼はおそるおそる医者に聞いた。

「やっぱり切らないといけないのでしょうか？」

日本人の医者はこともなげに言った。

「いえ、そんな必要はありませんよ」

男はその答えに驚き、そして歓喜の声をあげた。

「本当ですか？」

医者が答えた。

「ええ、あと二、三日で自然に落ちるでしょう」

●症状改善

ある老婆が、名医と名高い日本人の医者のもとを訪れて言った。

「先生、私はおならのことで困っているんです。と言っても、そんなに深刻ではありません。臭いもないし、音もしません。ただ、頻繁に出るので、一度、診てもらおうかと」

老婆は続けた。

「実はこの診療室に入ってからも、もう二〇回ほどおならをしているんですよ。臭いも音もないので、おそらく気づかなかったと思いますが」

「なるほど。ではこの薬を飲んでみてください。植物からつくった自然のものです。ではお大事に」

翌週、老婆は再び病院を訪れた。

「先生からいただいたお薬ですが、あまり効果がないようです。と言いますか余計に悪くなったようで、音がしないのは同じなのですが、無臭だったおならがすごく臭うようになってしまいました……」

するとは医者がニコリと笑って言った。

「それはよかった。まずは鼻が治ったようですな。では次に耳のお薬を出すことにしましょう」

【笑いに厳しい】

●理解

月曜日の朝、スズキ君が授業中に急にクスクスと笑い出した。先生が驚いて聞いた。

「こら、いったい何を笑っているんですか？」

　スズキ君が答えた。

「土曜日の夜にホームパーティをやったんです。その時、パパが話したジョークのオチを、ずっと考えていたんですが、今ようやく理解できたんです。やっぱりジョークって面白いですね」

日本人の笑いのセンス

　世界には「日本人にはユーモアのセンスがない」というイメージが根強い。日本人は概してジョークを解さないと思われている。先のジョークでは、ジョークを理解するのに随分と時間がかかると風刺されているわけだ。

　しかし私は、日本人は個性的な「笑いのセンス」を持った民族だと思う。漫才や落語は日本独特の笑いの文化だし、連日、これだけの数のバラエティ番組がテレビ放映されている国というのも珍しい。日本人は「お笑い」が大好きだという一面が確かにある。

来日して落語の魅力にとりつかれる外国人の数も少なくない。イギリス出身の女性ダイアン・オレットさんもそんな一人。「スタンダップ・コメディ」ならぬ「シットダウン・コメディ」の面白さに惹かれ、今では英語落語家「ダイアン吉日」として高座にあがっている。高座名が「大安吉日」に由来することは言うまでもない。日本の笑いは、言葉の壁さえ乗り越えることができれば、世界中の人々の心にもしっかりと届く。

ただ確かに、欧米圏のように、会話の途中やスピーチの際、日常的にジョークを小刻みに挟むことはあまりしないのは事実であろう。しかし、それも「笑いのスタイル」の違いでしかない。そのことをもって「日本人にユーモア感覚が乏しい」とは、ならないはずである。

さらに言えば、日本人ほど笑いに厳しい国民は実はいないとも感じる。日本人は、友人同士の会話の中で、誰かがつまらないことを言ったりするとすぐに、「寒い」「すべった」といったツッコミやリアクションを入れる。これだけ「受け手」が厳しければ、簡単にジョークを飛ばすことなど控えられて当然だ。

逆に、欧米圏では、あまり面白くないジョークが飛び出した時でも、「つまらない」とはあまり言わない。みんな頷いたり手を叩いたりして、ジョークの話し手に対して、なんとなく優しい。本当は知っているジョークでも、途中で、「それ知っているよ」ともほとんど言わない。それが一種のマナーなのである。

日常会話の中でジョークを挟むか挟まないかの違いには、ジョークの受け手の問題が非常に大きい。

日本人は笑いにとても厳しい民族なのだ。笑いのレベル自体、決して低くないと私は思う。

海を越える日本のお笑い番組

昨今、日本のバラエティ番組というのは、意外と世界各地で観られている。私自身、そのことに驚かされたことがあった。二〇〇七年、私の家にアメリカ人の青年がホームステイしていた時、私が何かの拍子に、「よし、ヤッタ」と日本語で小さく呟いたことがあった。多分、クルマの運転中に駐車場で一台分のスペースだけ空いていたのを見つけた時だったように思う。その際、助手席に座っていた彼は、

「『ヤッタ』はどういう意味ですか？　実は昔から知りたかった」

と言うのである。彼の真意がわからずに聞き返すと、彼はこう続けるのであった。

「以前に、日本のテレビ番組をテレビやネットで観ていたら、その中に裸のコメディアンたちが『ヤッタ、ヤッタ』と言いながら踊るものがあった。自分はそれが好きでよく観ていた

のだが、『ヤッタ』の意味だけがわからなかった。日本にくることがあったら、ぜひ知りたいと思っていたんだ」

彼が言っているのが、以前にフジテレビ系列局で放送されていた番組『笑う犬の冒険』であることはすぐに察しがついた。その番組内のコントで、「股間に葉っぱ一枚」という半裸の芸人たちが、「ヤッタ！　ヤッタ！」という掛け声と共に独特のダンスをするというものがあったのである。

実はこのコントは、アメリカでも大変な人気を集めていた。二〇〇三年三月一三日にはアメリカ・ABCの番組『ジミー・キンメル・ライヴ』にゲストとして出演。その後、人気はネット上でさらに爆発し、他の諸外国でも、コント映像が広く出回るようになった。「YATTA！」の音楽に合わせて半裸で踊るファンたちの動画が、アメリカはもちろん、フランス、スウェーデン、アルゼンチンなど、世界各国から大量にウェブ上に投稿されるようになった。

二〇〇六年九月からアメリカで始まったテレビドラマ『HEROES／ヒーローズ』では、俳優のマシ・オカ（本名・岡政偉《まさより》）演じるヒロ・ナカムラが、「ヤッター」と叫ぶシーンが「お決まり」となっており、これによって、さらにこの日本語が定着するようになった。

二〇〇七年にブレイクしたお笑い芸人の小島よしおは、実は海外でも人気を得ていた。小島が出演しているテレビ映像は、一時期、動画サイト「You Tube」でアクセス数が世界第五位にランクされた。ネット上には、半裸のスペイン人が小島を真似て踊る画像などもアップされ、話題となった。

ジャマイカでは、同国のクラブＤＪ、ＰＡＴＥＸＸが歌うレゲエ曲『Japaneeze Dance ft Cutty』がヒットしたが、そのメロディーの冒頭では「そんなの関係ねぇ！　オッパッピー」と小島のギャグのフレーズが繰り返されていた。

私は一部のお固い大人たちのように、お笑い番組に対して一々、眉間に皺を寄せるようなことはしたくない。ただ、外国の人たちに『日本のコメディは裸になるものが多いな』と思われることについては抵抗も感じる。我が家にホームステイしていたその青年が言った、

「別に恥ずかしがることはないよ。日本のコメディはアメリカのものよりずっと面白いし、だからこそ世界中で人気があるんだから」

という言葉を額面通りに信じたいところだが、どうなのだろうか？

●面白いジョーク

日本人がアメリカ人に言った。

「最近、新しいジョークを仕入れたんだ。もう君には言ったかな？」

「どうだろう。そのジョークは面白いの？」

「ああ、とても面白いよ」

「そうか、じゃあ、まだ聞いてないな」

世界で人気の番組は他にもある

かつての日本は、クルマや家電など、ハードウエアにおける優位性が国力の根幹を支えた。そんな時代に国内外から聞こえた悪口は、「日本はモノづくりは巧みだが、ソフトコンテンツはダメ」。

しかし、最近では、国際的に日本のソフトパワーが目立つようになっている。アニメーション、マンガなどはその代表格だが、テレビのバラエティ番組の分野でも、日本のコンテンツが世界的に大きな評価を得ている。

日本人の口癖の一つに、「日本のテレビはつまらない。バラエティなんて同じことばかりやっているし」といったものがある。しかし、日本のバラエティ番組やそのリメイク権は、すでに日本の立派な輸出物となっている。海外旅行の際にホテルのテレビをつけると、どこかで観たような番組をやっているのに気づいた経験を持つ人も多いだろう。

以前、フジテレビで放送されていた「料理の鉄人」は、アメリカでは「Iron Chef」の番組名で放映され、爆発的にヒット。現在ではアメリカ以外の国々でも幅広く放送されている。同じくアメリカで人気の番組の一つが「Ninja Warrior」。このタイトルだけ聞いても日本人にはピンとこないが、これはTBSの「SASUKE」。日本の映像に英語の字幕を加えた形で放送されている。

番組の二次利用として最も多いのが、「フォーマット販売」だ。つまり、番組のアイデアや構成を買ったそれぞれの国の制作会社が、現地版を新たにつくるパターンである。アジア各国では「伊東家の食卓」、ロシアでは「ロンドンハーツ」、欧米でも「トリビアの泉」といった番組の「現地版」が放送され、話題となっている。アメリカABC局の「Wipeout」も、日本のバラエティ番組がそのアイデアのひな形だ。

さらに、最近の日本のテレビ番組ではすっかり定着した「出演者のセリフを字幕で補完する」といった演出も、世界が真似をし始めている。

私にもテレビ局で働いている友人知人がいるが、日本のテレビ業界の競争の激しさには驚かされる。少しでも面白い番組をつくろうとみな必死だ。視聴者は簡単に、「バラエティなんてくだらない」と言うが、お笑い番組がくだらないのは当たり前で、制作側は「くだらない番組」を真面目に、懸命になってつくっている（もちろん、本当につまらない番組もある）。熾烈な視聴率競争の中で磨かれたコンテンツが、気がつけば世界を席巻するほどのレベルにまでなった。海外で行われるテレビ番組の国際見本市では、「日本の番組のアイデアはすばらしい」と一目置かれている。

日本人は世界トップレベルにあるバラエティ番組を、小さい時から当然のこととして見慣れているから、その質の高さに気がつかないのだ。逆に言えば、海外のバラエティ番組などは、言葉の壁がなかったとしても、それこそマンネリ化したつまらないものが非常に多いのである。なんでもかんでも「海外のものの方がなんとなく良く見える」というのは、日本人の習癖の一つであるが、それは「錯覚」である場合も少なくない。

【やっぱり英語が下手】

●サイン

ネルソン・マンデラ元南アフリカ大統領が自宅でテレビを観ていると、誰かが玄関をノックした。ドアを開けると、日本人の配送人が、道に停めてあるトラックを指差しながら、

「サインをお願いします」

と言う。マンデラは意味がわからないので、さっさとドアを閉めた。

翌日、その日本人はまた戻ってきた。日本人はブレーキパッドの部品を手にしながら、

「サインを、サインを！」

と繰り返した。マンデラは、怒りの表情を浮かべながらドアを閉めた。

その翌日、日本人はまた現れた。今度はトラックの荷台にクルマの様々な部品が満載されていた。そして、また同じようにサインを求めてくる。マンデラは怒鳴るようにして言った。

「いいかげんにしてくれないか。私はそんなもの必要じゃない。君は私を誰だと思っているんだ？　人違いだ！」

日本人は困惑した表情で口を開いた。

「あなたはニッサン・マンデラさんではないのですか？」

日本人の英語の発音

先のジョークは、いわゆる「ダジャレ」であるが、日本人の英語の発音の悪さがネタの土壌として存在している。こうした日本人の「英語の聞き間違い・言い間違い」をモチーフにしたジョークは、アメリカなどには結構ある。アメリカ人の喋る日本語だって十分「訛《なま》っている」とは思うが。

日本人は中学、高校で、（人によっては小学校から大学まで）英語を勉強しているし、社会人のための英会話教室も、電車の駅ごとにあるような状況であるにもかかわらず、その英語力は確かに十分とは言いがたいかもしれない。私も中学一年生から大学卒業まで、つまり一〇年ほど英語の授業を受けていたにもかかわらず、いまだに苦手意識を拭えない。二年間、現地に暮らしながら身に付けたルーマニア語の方がよっぽど得意なのだから、英語を学んだ一〇年間とはいったい何だったのかと、その「失われた一〇年」に下を向く思いだ。

次に紹介するジョークも、日本人の英語の発音の拙《つたな》さをネタにしたもの。日本人からしてみると、「そんな間違いするか！」とツッコミを入れたくなるところだが、あくまでもジョークなのであしからず。

●ペパローニ

アメリカ人ビジネスマンが日本に出張に行った。彼は日本食が苦手だったので、ホテルのコンシェルジュに聞いた。

「近くに洋食を食べられるレストランはないかい？」

するとコンシェルジュは笑顔で言った。

「近くにオープンしたばかりのピザ屋がありますよ。デリバリーもＯＫです」

コンシェルジュは、彼にピザ屋の電話番号を教えた。部屋に戻った彼は、さっそく電話で「ペパローニ（Pepperoni）」を注文した。

三〇分後、配達人が部屋へとやってきた。彼はピザを受け取ったが、途端にくしゃみがとまらなくなってしまった。彼は配達人に聞いた。

「このピザには何がのっているんだ？」

配達人は深くお辞儀をして言った。

「はい、お客様の注文通り、胡椒のみ（Pepper only）となっております」

●肉屋にて

ある日本人女性がイギリス人男性と結婚し、ロンドンで暮らしていた。彼女は英語があまり上手ではなかったが、夫の助けを借りながら、なんとか楽しい生活を送っていた。

しかし、夫が出社している間は、一人で買い物に出なければならない。それが彼女の苦痛の種だった。

ある日、彼女は肉屋へ行って、モモ肉を買おうと思った。しかし、英語でどう言えばいいのかわからなかったので、彼女は思い切ってスカートをめくり、自分の太腿を指差した。店員は意味を理解し、モモ肉を手渡した。

翌日、彼女は同じ店でムネ肉を買おうと思った。しかし、英語でどう言えばいいのかわからなかったので、彼女は思い切ってブラウスをはだけさせ、自分の胸を指差した。店員は意味を理解し、ムネ肉を手渡した。

またその翌日、彼女はソーセージを買おうと思った。彼女はそのために、今度は夫を連れて店へと行った。

なぜかって？　あなた……、何を考えているんですか？

夫は英語が喋れるんですよ。

【大和撫子像】

●理想の結婚相手

ある富豪の男が、理想の結婚相手を探していた。彼は花嫁候補のフランス人、日本人、アメリカ人の三人にそれぞれ一万ドルずつ渡し、それをどう使うかを見てみることにした。

フランス人女性は、最高級のドレスや宝石、化粧品などを買い込み、美しく着飾った格好でこう言った。

「あなたのために少しでも美しくなりたいと思って」

富豪は感激した。

日本人女性は、そのお金を貯金して、一日中、家事や掃除を黙々とこなしていた。日本人女性は深々と頭を下げてこう言った。

「お金はあなたのためにとっておいてあります。身の回りのことは私がすべてしてさしあげます」

富豪は感激した。

アメリカ人女性は、そのお金を投資に回し、一万ドルを倍の二万ドルにした。アメリカ人女性は誇らしげに言った。

「お金を倍にしておきました。これですばらしい結婚生活を営むことができます」

富豪は感激した。

さて、富豪はゆっくりと考え込み、そして結論を出した。

彼は三人の中で最も胸が大きい女性と結婚したのである。

●ホシモタ

アメリカ人ビジネスマンが日本に出張に行き、滞在中に売春婦を呼んだ。その売春婦は一晩中、

「ホシモタ！　ホシモタ！」

と叫んでいた。彼はその日本語の意味を理解できなかったが、きっと「凄い！」「最高！」といった意味なのだろうと考えた。

翌日、彼は日本人のビジネス・パートナーとゴルフに行った。するとその日本人がホールインワンをしたのである。周囲の日本人たちは、日本語でお祝いの言葉をかけた。アメリカ人の彼も、何か日本語で声をかけた方が良いと思い、咄嗟に、

「ホシモタ！」

と声をかけた。

するとホールインワンをした日本人が、彼の方を振り返って尋ねた。

「なんだよ？　立派なホールインワンだったろう？　どうして『その穴じゃない！』なんて言うんだい？」

●乳房の値段

日本人女性のグループが、密林地帯の奥深くにある村を探検していた。彼女たちは市場へと買い物に行ったが、そこで見慣れない肉片が売られているのを見つけた。女性たちは売り主に聞いた。

「これは何の肉ですか？」

「これは人間の女性の乳房の肉です」

彼女たちは驚いて聞いた。

「どうしてこんなものを売っているのです？」

するとと売り主は、ニヤリと微笑みながら答えた。

「これを男性が食べると、失われていた精力が一気に戻ってくるのさ。抜群の効果を発揮しますよ」

彼女たちは再び驚き、そして我が夫のためにこれを買うことに決めた（いや、自分のために？）。彼女たちが値段を聞くと、売り主が言った。

「こちらの黒人のものが一ポンド二〇〇ドル、白人のが一ポンド三〇〇ドル、そしてアジア人のものは一ポンド四〇〇ドルです」

日本人女性たちは、それを聞いて喜んだ。自分たちアジア人のものが最も高価だったからだ。一人の日本人女性が言った。

「やっぱり私たちの胸が、最も質がいいんだわ」

すると売り主が、首を横に振りながら言った。

「いや、そうじゃない。あなたたちは知らないのですね。アジア人女性の場合、一ポンド集めるために、どれだけの人数が必要か」

●憧れのフジ

　ある熱心なスキーヤーが、世界中の山でスキーをしたいと考え、それを実行に移した。アルプスやアコンカグアなど、彼は世界的に有名な山々を次々と巡っていった。

　彼は最後に日本の富士山に行くことにした。彼は妻に別れを告げ、日いずる国（The Land of the Rising Sun）へと旅立った。

　彼にとって念願の日、天気も良く、彼は最高の気分で富士山の頂上に立った。そして彼は、美しい山に得意のスラロームを描いていった。

　麓まで降りた彼は、この最高の気分を妻に絵はがきで知らせようと思った。富士山

の写真と共に標高がプリントされている絵はがきだ。彼はお店で絵はがきを買う際、もう一枚、セクシーなゲイシャの絵はがきも買って、それを学生時代の古い友人に送ることに決めた。

しかし、そそっかしい彼は、写真の表をよく見ずに書いたため、絵はがきを取り違えてメッセージをしたためてしまったのである。富士山の絵はがきは、妻ではなく彼の旧友のもとに届いた。それにはこう書かれていた。

「日本では楽しみます！」

ゲイシャの絵はがきは、妻のもとに届いた。それにはこう書かれていた。

「この写真、キレイだろう？　今日、こいつを征服した。僕は今、こいつの魅力に夢中。離れがたいよ！」

ゲイシャとジャポルノ

「フジヤマ」「ゲイシャ」は、「日本」と聞いて外国人が思い浮かべる言葉の代表格として位置づけられているが、「Jカルチャー」が世界を席巻する現在でも、確かにその知名度は高い。海外で売られている旅行ガイドやツアーパンフレットの「日本行き」のものを見ると、だいたい富士山か、祇園の芸妓さんの写真が表紙に掲載されている。「ゲイシャ」の知名度の定着には、オペラ『蝶々夫人』や川端康成の『雪国』といった作品も、大きな役割を果たしてきた。これらの作品から、日本人女性というと「男に尽くす」「けなげ」といったイメージが根付くようになった。

また近年、日本女性へのイメージを新たにつくっているのが、海外に流出する日本のアダルト・コンテンツ。ビデオやＤＶＤ、最近ではインターネットでのダウンロードなど、その人気はいずれも高く、「ジャポルノ」などとも呼ばれている。日本のポルノアニメは「ヘンタイ（Hentai）」とも呼ばれ、徐々に定着した言葉となりつつある。

世界で通じる日本語の中には、最近では「カワイイ（Kawaii）」といったものもあり、フランスや中国でも若者の間で通じる言葉になっている。アメリカの人気女性アーティスト、グウェン・ステファニーの歌の歌詞にも「カワイイ」といった日本語が出てくるものがある。日本ブームの中でそういった言葉の数は年々増えているが、「ヘンタイ」という言葉の広がりには、抵抗を感じて当然であろう。

【独特の死生観】

●ジェスチャー

ジョージ・W・ブッシュが来日し、公務の間にトウキョウ観光に出かけた。ズボンのベルトを買おうと思ったブッシュは、ジェスチャーで店員に説明を試みた。彼は懸命に右手を腰の辺りで左右に動かし、ベルトが欲しいことを伝えようとしたのである。

やがて店員は、相手がブッシュであることを理解した。そして、ブッシュの手振りを改めて見た彼は、大きく一つ頷いて店の奥へと消えていった。

戻ってきた店員が手にしていたのは、切腹用の日本刀であった。

●身体の使い道

日本人、フランス人、アメリカ人が未開のジャングルを旅していたが、先住民の部族に捕まってしまった。族長が言った。

「これからお前たちを処刑する。しかし、ここでは何一つ無駄にしないことがルールだ。

だから、お前たちの身体もすべて何かに利用する。

　例えば、お前たちの髪の毛で籠を織るし、お前たちの脂は糊として使う。そして、お前たちの皮膚は、伸ばして、木の枠組みに張りつけ、カヌーにするのだ」

　族長はそう言って、ナイフを取り出した。

「さあ、お前たちに名誉ある死を与えよう。最後の言葉を言ってから死ぬがよい」

　日本人は、

「バンザイ！」

と叫び、「ハラキリ」を行った。

　フランス人は、

「フランスに栄光を！」

と叫び、ナイフで首を掻き切った。

最後にアメリカ人は、自分の身体のあちこちをナイフで傷付けながら叫んだ。
「ちくしょう、お前のカヌーなんて、絶対に浮かばせないからな！」

ハラキリの世界的知名度

「バンザイ」という言葉は、世界的にかなり通じる日本語の一つ。本来の意味とは関係なく、「日本」を表す言葉として使用されることも多く、例えば、ドイツの少年向けマンガ月刊誌の名前は『バンザイ』だ（ちなみに少女向けは『ダイスキ』）。かつては「戦争」を連想させる言葉の一つだったが、最近では少しずつ変わりつつある。

この「バンザイ」同様、世界的に知られているのが「ハラキリ」「セップク」といった言葉。以前、ルーマニア人の友人からこんな質問をされて困った経験がある。

「『ハラキリ』と『セップク』は何が違う？」

「同じだ」としか答えようがないのだが、そんな質問をされること自体が新鮮な驚きであった。

日本独特の習俗である切腹だが、その起源は、平安時代末期にまで遡ると言われ、鎌倉時代に武士道が浸透するのと同時に定着していったと考えられている。教育者で思想家の新渡《にと》戸稲造《べいなぞう》は、その著作『武士道（Bushido: The Soul of Japan）』の中で切腹について触れ、「腹部には人間の霊魂と愛情が宿っている、という古来の解剖学的信念により、勇壮に腹を切ることが武士道を貫く自死方法として適切とされた」という内容を記している。

ちなみに、生命科学の分野に「ハラキリ（Harakiri）遺伝子」と正式に名付けられている遺伝子がある。これは細胞の自己崩壊（アポトーシス）を誘導する遺伝子の一つで、細胞の死をつかさどる役割を担う。

日本人の知らないところで、日本語が不思議な使われ方をしているのだ。

●欠席

結婚式に出席できない旨を、新郎新婦に対して、どのような言葉で伝えるか。

フランス人……私がいなくても、二人の愛は永遠です。

日本人　……仕事で行けず、本当に申し訳ございません。「ハラキリ」する覚悟です。

中国人　……式の翌日には顔を出すので、食事はとっておいてください。

アメリカ人……本当にゴメンね。この次の時には必ず出席するので、また呼んでね。

「フランダースの犬」に見る死生観

日本でもアニメ放送などで人気の高かった「フランダースの犬」は、少年ネロと忠犬パトラッシュを主人公とした悲運の物語だが、今でも「懐かしの名作アニメ」といったテレビ番組で取りあげられることが少なくない。

二〇〇七年には、あるベルギー人映画監督が、「フランダースの犬」を「検証」するというドキュメンタリー映画を作成し、話題を集めた。

映画のタイトルは『パトラッシュ』で、監督はディディエ・ボルカールト氏。その制作のきっかけとなったのが、「『フランダースの犬』を熱愛する日本人の姿」であったという。「フランダースの犬」の舞台は、ボルカールト氏の祖国であるベルギーだが、同国での作品の知名度は決して高くない。これは、この作品の著者であるウィーダがイギリス人であることにも関係するが、作品の評価自体が、ベルギーではあまり高くないのである。私もベルギーを訪れたことがあるが、「フランダースの犬」にまつわる場所にいるのは、日本人観光客が大半だった。二〇〇三年にはアントワープ・ノートルダム大聖堂前の広場に記念碑が設置されたが、これも日本人観光客を意識してのことだったと言われている。

「フランダースの犬」はベルギーだけでなく、欧米圏全域でも名作という位置付けにはない。それはなぜか。ラストシーンでネロはパトラッシュと共に天に召されるが、この場面の評価が思いのほか低いのである。日本では感動の名シーンとして語られるこの場面も、欧州では「負け犬の死」（ボルカールト氏）として受け止められることが多いという。

アメリカでは過去に五回映画化されているが、いずれもラストはわざわざハッピーエンドに書き換えられた。原作のラストシーンになぜ日本人のみが感動するのかは、欧米人にとって一つの「ミステリー」とされてきた。

ボルカールト氏は映画製作にあたり、この謎の解明に挑んだ。世界六ヵ国での計一〇〇人を超えるインタビューなどを経て、浮かび上がってきたのは、日本人の「滅びの美学」だったという。

プロデューサーのアン・バンディーンデレン氏は言う。

「日本人は、信義や友情のために敗北や挫折を受け入れることに、ある種の崇高さを見いだす。ネロの死に方は、まさに日本人の価値観を体現するもの」

ネロの死が本当に日本人の「滅びの美学」と共鳴するものなのかについては議論もあるだ

ろう。ただ、多くの日本人がハリウッド的なハッピーエンドにあまり共感できないことも確かに事実である。「フランダースの犬」がハッピーエンドだったら、日本人の心をここまで打つことはなかったかもしれない。そう考えると確かに日本人には、欧米人とは異なる死生観があると言える。

海外に行くと外国人が「ハラキリ」「カミカゼ」の話題を異様に好むことに驚かされることがあるが、彼らにとって日本人が持つ死への独特の価値体系とは、不可思議極まるものなのだ。

もちろん、どちらが正しいとかいう話ではない。

余談を一つ。「フランダースの犬」が最初に日本で訳されたのは一九〇八年。当時、西洋風の名前に親しみが薄いことが考慮され、登場人物の名前も変えられた。

その名も、ネロが清《キヨシ》、パトラッシュが斑《ブチ》である。

【仏教・禅の国】

●奇跡

三人の仏教徒が、一緒に修行をすることに決めた。三人は池のほとりで座禅を組み、精神を集中し始めた。すると、その中の一人が不意に立ち上がった。

「寺の台所の火元を確かめてくる」

その僧はそう言ったかと思うと、池の水面の上をそろりそろりと歩き始めた。それは、まさに奇跡のような光景だった。僧は対岸の寺まで池の上を歩いて行き、そしてまた池を歩いて戻ってきたのだった。

次に二人目の僧が言った。

「寺の戸締まりが心配だ」

その僧も、先の僧と同じように、池の上を歩き始めた。信じられない光景が二度、続いた。

残されたのは三人の中で最も若い僧だった。彼は内心、大きな動揺に襲われていた。自分だけが奇跡を起こせないのではないか。いや、今こそこれまでのヨガの修行の成果を試すいい機会ではないか。彼は立ち上がり、池へと向かっていった。

彼の足は水に濡れ、膝まで沈み、とうとう転んで全身が水に浸かった。しかし、彼は諦めなかった。びしょぬれのまま再び立ち上がり、また転んだ。何度転んでも、精神を集中し、また立ち上がった。

その様子を岸から見ていた二人の僧はささやきあった。

「どうする？　石のある場所、教えてやった方がいいかな」

●ざわめき

四人の禅僧がお寺で座禅を組んでいた。その時、風が吹き、木々の葉が揺れた。

最も若い僧が言った。

「葉がざわめいています」

次に若い僧が言った。

「風がざわめいています」

年老いた僧が言った。

「心がざわめいています」

最も年上の僧が言った。

「口がざわめいています！」

●ブッダの手

日本軍の落下傘部隊。隊長が部下たちに言った。

「何か問題が起きたら『ブッダ、ブッダ』と唱えなさい。そうすれば、きっと救われるだろう」

作戦が始まった。落下傘部隊は次々と飛行機から降下を始めたが、一人の兵があまりの恐怖のために、パラシュートを開く紐がどこにあるのか、わからなくなってしまった。

その兵隊はとっさに、

「ブッダ、ブッダ」

と繰り返し唱えた。すると、不思議なことに、どこからか手が現れ、空中で彼をキャッチしたのである。彼は言った。

「ありがとう神様！」

その途端、手は消え、彼は落下していった。

ヨーロッパでの「ゼン」ブーム

禅は元々、達磨《だるま》がインドから中国に伝えたとされる大乗仏教の一派だが、欧米社会には日本を通じて広まった。二〇世紀には、仏教学者の鈴木大拙《だいせつ》が、日本の禅文化を広く海外に知らしめたこともあり、世界的に日本のものとして受け止められている感が強い。

以前、ヨーロッパを鉄道で移動していた際に、同じコンパートメントとなったドイツ人から延々と禅の話をふられ続け、閉口したことがある。欧米ではテレビや雑誌においても、禅に関する特集などは珍しくない。

近年、フランスでは「ZEN」という言葉が一種の流行語のようになっており、「もっとゼンになろうよ」といった言い回しも生まれている。「落ち着いて」「興奮しないで」といった意味だ。

禅という言葉が、本来の宗教的な意味合いから派生する形で使われているケースは他にもある。例えば、フランスを走る高速列車「TGV」には、一部に「iDゼン」という名称の特別車両が設けられているが、これは「静けさ重視」「癒される空間」といった意味合いでの名称であり、元来の禅とはあまり関係がない。

●警告

キョウトから来た二人の仏教徒が、ニューヨーク郊外の大通りに立っていた。そして

通り過ぎるドライバーたちに、

「終わりは近い」

と叫ぶのであった。そのうち、一台のクルマのドライバーが窓を開けて怒鳴った。

「うるさい奴らだ！　俺たちの国で勝手なことを言うんじゃねえ！」

ドライバーは窓を閉めると、猛スピードで発進していった。

数秒後、仏教徒の二人は、大きな爆発音を聞いた。一人がもう一人に言った。

「どうする？　言い方を『この先の橋、壊れています』にした方がいいかな？」

●人生最大の罪

日本人、フランス人、イタリア人の尼た

ちが、列車で旅をしていた。やがて会話は「今までに犯してしまった人生最大の罪」の告白に及んだ。まず、日本人の尼が言った。

「私の人生最大の罪は、一度だけ、肉を食べてしまったことです。私の中には、本当はそんな欲望が渦まいているのです、今でも」

続いてフランス人の尼が言った。

「私の人生最大の罪は、一度だけ、男性と一夜を共にしてしまったことです。私の中には、本当はそんな欲望が渦まいているのです、今でも」

そんな話を静かに聞いていたイタリア人の尼に、日本人とフランス人が言った。

「私たちは告白したのだから、あなたも話してください」

するとイタリア人の尼が口を開いた。

「私の人生最大の罪は、とにかくおしゃべりだということです。今はとにかく、この列車が一刻も早く駅に着くのが待ち遠しくて仕方ありません」

●坊主と幌馬車

二人のアメリカ人が、ルート66をドライブしながら旅をしていた。ある時、一人のお坊さんが、大地に横たわり、片方の耳を地面につけ、静かに眼を閉じているのを発見した。一人のアメリカ人が、もう一人に言った。

「彼らは大地の声を聞き、遥か彼方で起きていることを見ると言う。話を聞いてみよう」

二人はクルマを降りて、そのお坊さんに近づいた。すると、お坊さんが横たわったまま呟いた。

「幌馬車……」

二人は驚いて聞き返した。

「え？　何です？　幌馬車がどうかしましたか？」

「ここから数マイル離れたところを幌馬車が走っている。乗っているのは髭面の男性、赤い服を着た女性、それに子どもが二人、白い犬も一匹、連れている」

二人は顔を見合わせて叫んだ。

「す、凄い！　そんなことまでわかるなんて！」

お坊さんが小さな声で言った。

「その幌馬車が、さっき、私をひいて行ったのだ」

あとがき

ボスニア・ヘルツェゴビナ出身のイビチャ・オシムは、サッカー日本代表監督に就任した際、「私は最初に日本代表チームを『日本化』させることを試みる」「日本らしいサッカーをしよう」と語った。

日本人はとかく海外のサッカーを無条件に取り入れようとするが、オシムは、日本人には長所（俊敏性、組織力、的確さ）があり、それを伸ばしていくことが、チームを強くするための最良の方法だと考えた。闇雲に海外の基準に合わせることが進歩を生むのではなく、外国の良いところは活かしながらも、日本人の特性に最適な道を探すことが、チームの強化に繋がるという方法論である。

このことは、サッカーという一スポーツにだけ言えることではなく、多くの分野に通じることだろうと思う。日本人には日本人の良さがある。

あとがき

前著『世界の日本人ジョーク集』という題名を見て、「日本がケチョンケチョンに笑われ、叩かれている本」を想像した方も少なくなかったようだが、実際には、前著、本書を読んでいただいてもわかる通り、悪意をもって日本を揶揄するようなジョークはほとんどない。多様な日本人像が描かれる中で、その扱いは決して悪いものではない。一部の国内メディアの報道を見ると、東アジアに反日の雰囲気が大々的に醸成されているように感じられてしまう向きもあるが、日本へのイメージが悪いのは近隣の数ヵ国だけであって、実際には世界は概して「親日的」である。少なくとも、日本人が思っているよりは。

ジョークにされるというのは、それだけキャラクターが立っているという証拠だ。世界でそれだけ存在感を示していることの証左なのである。

逆に、将来、ジョークの世界において、日本人がほとんど出てこない状況になってしまうことの方が、ずっと寂しい。

自覚は薄いが意外と「個性派俳優」である日本人に、そんな心配は必要ないと思うが。

二〇〇九年二月

早坂　隆

本書は、基本的に書き下ろしですが、一部『中央公論』連載「知的な者ほどよく笑う」、並びに、『中日新聞』連載「ニッポン三面鏡」の原稿に、修正、加筆した箇所があります。

中公新書ラクレ　309

続《ぞく》・世界《せかい》の日本人《にほんじん》ジョーク集《しゅう》

2009年 3 月10日初版
2018年 1 月20日 7 版

早《はや》坂《さか》　隆《たかし》著

発行者　大橋善光
発行所　中央公論新社
〒100-8152
東京都千代田区大手町1-7-1
電話　販売 03-5299-1730
編集 03-5299-1870
URL http://www.chuko.co.jp/

本文印刷　三晃印刷
カバー印刷　大熊整美堂
製　本　小泉製本

定価はカバーに表示してあります。
落丁本・乱丁本はお手数ですが小社販売部宛にお送りください。送料小社負担にてお取り替えいたします。

Published by CHUOKORON-SHINSHA, INC.
Printed in Japan
ISBN978-4-12-150309-1 C1295

中公新書ラクレ刊行のことば

世界と日本は大きな地殻変動の中で21世紀を迎えました。時代や社会はどう移り変わるのか。人はどう思索し、行動するのか。答えが容易に見つからない問いは増えるばかりです。1962年、中公新書創刊にあたって、わたしたちは「事実のみの持つ無条件の説得力を発揮させること」を自らに課しました。今わたしたちは、中公新書の新しいシリーズ「中公新書ラクレ」において、この原点を再確認するとともに、時代が直面している課題に正面から答えます。「中公新書ラクレ」は小社が19世紀、20世紀という二つの世紀をまたいで培ってきた本づくりの伝統を基盤に、多様なジャーナリズムの手法と精神を触媒にして、より逞しい知を導く「鍵《ラ・クレ》」となるべく努力します。

2001年３月